S Ní Dh

Idir an Dá Linn

Gaeilge don Idirbhliain

Ríoghnach Ní Dhraigheneáin

Gill & Macmillan

Gill & Macmillan Ltd
Ascaill Hume
An Pháirc Thiar
Baile Átha Cliath 12
agus a chuideachtaí comhlachta ar fud an domhain
www.gillmacmillan.ie

978 0 7171 47205

Pictiúir le Kate Shannon
Clóchuradóireacht bhunaidh arna déanamh in Éirinn ag Designit Creative Consultants Ltd

Rinneadh an páipéar atá sa leabhar seo as laíon adhmaid ó fhoraoisí rialaithe. In aghaidh gach crann a leagtar cuirtear crann amháin eile ar a laghad, agus ar an gcaoi sin déantar athnuachan ar acmhainní nádúrtha.

Clár

Is féidir le múinteoirí teacht ar fhreagraí na gceachtanna agus script an diosca ar líne ag **www.gillmacmillan.ie**.
Logáil isteach mar mhúinteoir, cuir isteach ainm an leabhair san inneall cuardaigh chun sonraí a fháil agus gheofar eolas do mhúinteoirí ann.

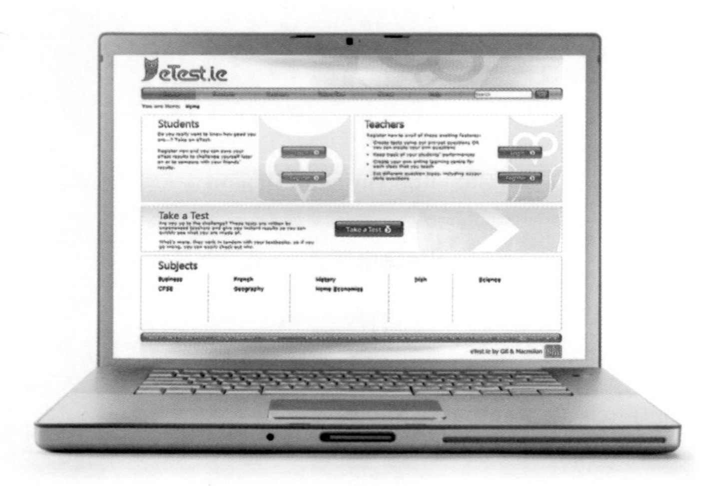

eTest.ie – what is it?

A revolutionary new website-based testing platform that facilitates a social learning environment for Irish schools. Both students and teachers can use it, either independently or together, to make the whole area of testing easier, more engaging and more productive for all.

Students – do you want to know how well you are doing? Then take an eTest!

At eTest.ie, you can access tests put together by the author of this textbook. You get instant results, so they're a brilliant way to quickly check just how your study or revision is going.

Since each eTest is based on your textbook, if you don't know an answer, you'll find it in your book.

Register now and you can save all of your eTest results to use as a handy revision aid or to simply compare with your friends' results!

Teachers – eTest.ie will engage your students and help them with their revision, while making the jobs of reviewing their progress and homework easier and more convenient for all of you.

Register now to avail of these exciting features:

- Create tests easily using our pre-set questions OR you can create your own questions
- Develop your own online learning centre for each class that you teach
- Keep track of your students' performances

eTest.ie has a wide choice of question types for you to choose from, most of which can be graded automatically, like multiple-choice, jumbled-sentence, matching, ordering and gap-fill exercises. This free resource allows you to create class groups, delivering all the functionality of a VLE (Virtual Learning Environment) with the ease of communication that is brought by social networking.

1 AN GHAEILGE TIMPEALL ORAINN

Deis Comhrá

Cá mbíonn Gaeilge le cloisteáil agus le léamh taobh amuigh den seomra ranga?

Féach ar an bhfógraíocht thíos agus pléigh do thuairimí le do pháirtí.

Ansin breac síos do smaointe sa bhosca.

An Roinn Cumarsáide

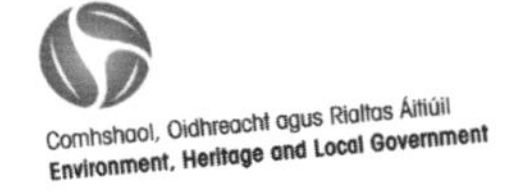

Conradh na Gaeilge

Nuair a smaoinímid air, is léir go bhfuil an-chuid Gaeilge timpeall orainn. Smaoinigh arís agus líon isteach an t-eolas atá agat faoi na ceannteidil thíos.

Comhlachtaí Stáit	
Teidil daoine	
Foirgnimh	
Na meáin chumarsáide	
Doiciméid oifigiúla	
Seirbhísí as Gaeilge	
Foirne agus cúrsaí spóirt	
Ainmneacha bailte	
Ainmneacha daoine	
Ainmneacha eastát tithíochta	

Comhlachtaí

Cad iad na comhlachtaí a dhéanann cúram de na rudaí seo a leanas?

Bia ____________________

Bainne ____________________

Turasóirí ____________________

Glasraí ____________________

Traenacha na hÉireann ____________________

Busanna na hÉireann ____________________

Oifigí poist ____________________

Traenáil do phoist ____________________

Iascaireacht ______________________________

Teilifís ______________________________

Crainn ______________________________

Aon cheann eile? ______________________________

Ainmneacha

Síle Seán Tadhg LIAM Méabh

Ciarán Niamh Eibhlín Cathal

Siobhán Stiofán Eoin Máire Diarmaid

Pádraig Sheáin Tom Seán

Má dhéanann tú staidéar ar ainmneacha baiste Gaelacha feicfidh tú go bhfuil saibhreas agus áilleacht ag baint leo. Tá ciall le formhór na n-ainmneacha freisin, ach chun teacht air seo caithfimid dul i muinín an aistriúcháin! Go deimhin, is minic a bhíonn cúpla foirm den ainm ar fáil, mar shampla Ruairí agus Ruaidhrí, Colm agus Colum.

Dar leis na luath-fhoinsí, bhí 12,000 ainm difriúla in úsáid in Éirinn uair amháin ach athraíonn ainmneacha ó ghlúin go glúin. Sa naoú haois déag bhí an-tóir ar ainmneacha as Béarla agus thit roinnt ainmneacha Gaelacha i léig.

Cinneadh mór is ea é ainm a roghnú do pháiste – ar ndóigh beidh an t-ainm sin acu dá saol go léir! Tá roinnt mhaith leabhar scríofa ar an ábhar seo ar nós "Irish Names for Children" le Patrick Woulfe agus "Irish Names" le Ó Corráin agus Maguire.

Uaireanta sa lá atá inniu ann tugtar ainmneacha do pháistí bunaithe ar réalta spóirt éigin atá cáiliúil ag an am. Cé mhéad páiste darb ainm Ryan nó Robbie atá ar aithne agat? Roghnaíonn tuismitheoirí eile ainm ó chlár teilifíse nó ó amhrán.

Tá ainmneacha Gaelacha fós coitianta agus ar na cinn is mó atá in úsáid anois do chailíní tá:

Aoife Eimear Deirdre Fíona Orla Sinéad Niamh Ciara Clíona

Is é an t-ainm Aoife an t-ainm Gaelach is coitianta agus tá Eimear sa dara háit.

Tá ainmneacha againn atá bunaithe ar dhathanna:

Ciar (dubh) mar shampla Ciarán

Rua (dearg) mar shampla Ruairí

Donn san ainm Donncha.

Aon sampla eile agat? ______________________________

Feicimid ainmneacha eile atá bunaithe ar ainmhithe na hÉireann.

Cú – siombal na crógachta, mar shampla Conall agus Conchubhar.

Rón – mar shampla Rónán

Aon sampla eile agat? ______________________________

Bhíodh ainmneacha bunaithe ar thréithe daoine, mar shampla Becc (Beag) agus ar stádas daoine, mar shampla Rian (Rí), coitianta uair amháin.

Aon sampla eile agat? ______________________________

Seo roinnt samplaí d'ainmneacha Gaelacha agus an chiall atá leo.

Aisling = fís, brionglóid

Aoife = lách, álainn

Gráinne = bean a chuireann sceimhle ar dhaoine

Muireann = bán na farraige

Niamh = gile, gléigile

Sadhbh = milis

Sorcha = geal, niamhrach

Aodán = tine bheag

Cathal = mór sa chath

Dónal = cumhachtach

Fergus = neart fir

Fionnbarra = duine le gruaig fhionn

Oisín = fia

Tadhg = file

An Scríbhneoireacht Cheilteach

Féach ar lch 226 go bhfeicfidh tú conas na hainmneacha seo a leanas a scríobh.

Cad é an t-ainm Gaelach is fearr leat? Scríobh go healaíonta é.

An bhfuil leagan Gaeilge ar d'ainm féin? Scríobh go healaíonta é.

Scríobh do shloinne Gaeilge go healaíonta anseo.

Féach ar www.iol.ie/~sob/ainm

Féach ar www.artoffoxvox.com (Cliceáil ar "Celtic Designs")

Crosfhocal

Trasna

3. An chéad, an...?
4. ____________ Cinn Ór
8. ____________ Óg Ó hAilpín
9. 1 Feabhra: Naomh?
10. Corn ____________ Mhic Charthaigh
12. Brionglóid
13. ____________ agus na Fianna
14. Bhí tarbh aici.

Síos

1. Cailín Naoise
2. 17 Márta
5. ? Ó Coileáin
6. Eoghan nó ____________
7. Cailín Dhiarmada
11. ____________ Mhic Ghiolla Íosa

OBAIR BHEIRTE

CUIR NA CEISTEANNA AR DO PHÁIRTÍ

An maith leat d'ainm féin?

An bhfuil ainm Gaeilge ort nó an bhfuil leagan Gaeilge de agat?

Ar tugadh an t-ainm sin ort ar aon chúis speisialta?

An bhfuil daoine eile i do chlann a bhfuil ainmneacha Gaeilge orthu? (Cad iad?)

Cén t-ainm Gaelach is mó a thaitníonn leat?

Cé mhéad duine i do rang a bhfuil túsainm Gaeilge orthu?

An úsáideann aon duine i do rang a (h)ainm iomlán as Gaeilge i gcónaí?

An dtabharfá ainm Gaelach ar pháiste leat sa todhchaí? Mínigh.

Fógraíocht Phoiblí

Oscail do shúile agus tabharfaidh tú faoi deara fógraí as Gaeilge timpeall ort. Tá siopaí agus gnóthaí breá sásta fógraíocht a dhéanamh as Gaeilge. Eagraíocht amháin a chuireann an Ghaeilge chun cinn ná "Gael Taca" atá suite i gCorcaigh. I láthair na huaire tá busanna ar a bhfuil fógraíocht Ghaeilge ag taisteal ar fud na cathrach.

(Féach ar www.gael-taca.com)

TIONSCADAL

1. Déan anailís ar an méid fógraíochta as Gaeilge atá ann faoi láthair sa bhaile is gaire duit.

2. Bain úsáid as do scileanna ríomhaireachta nó adhmadóireachta nó ealaíne chun fógra a dhearadh as Gaeilge a bheadh oiriúnach le cur suas sna siopaí áitiúla, mar shampla "Fáilte Isteach" nó "Dúnta".

3. Roghnaigh siopa nó gnó sa bhaile – banc, bialann, oifig an phoist, leabharlann. Iarr ar an mbainisteoir d'fhógra a chur suas.

4. Tar éis tamaill, féach an bhfuil méadú tagtha ar an méid fógraíochta atá le feiceáil sa bhaile céanna.

Logainmneacha

Ainmneacha áiteanna atá faoi chaibidil anseo. Faraor, ní mór logainmneacha a aistriú le go dtuigfear an bunús atá leo.

Sa liosta seo thíos, feicfidh tú focail a úsáidtear in ainmneacha áiteanna. Cén leagan Gaeilge a bhíonn ar na focail seo? Seachain do litriú!

Lis= ______________________________

Bally= ______________________________

Kill= ______________________________

Dun= ______________________________

Carrig= ______________________________

Caher= ______________________________

Beg= ______________________________

More= ______________________________

Tempel= ______________________________

Glen= ______________________________

Smaoinigh ar bhailte, ar shráideanna, ar chontaetha timpeall ort.
Roinn iad sna grúpaí thíos.

DATHANNA ______________________________

TÍREOLAÍOCHT ______________________________

AINMHITHE ______________________________

UIMHREACHA ______________________________

DAOINE ______________________________

CREIDEAMH ______________________________

CAD A CHIALLAÍONN NA hAINMNEACHA SEO?

Nead an Iolair 10

An Trá Mhór 50

Gleann Rua 85

	Leagan Béarla	Míniú ceart
Cionn tSáile		
Fearann an Rí	Kings Island	Cil Chiarnaigh
Cloch na Coillte	Clonakilty	
An Trá Mhór	Tramore	
Lios Dúin Bhearna	lios Dúin Bhearna	
Dún na nGall		
Cathair na Mart		
An Teampall Mór		
Cathair Dhún Iascaigh		
Sceichín an Rince	(Tipp) Skeheenaranky	
Coiscéim na Caillí	Kishkeam	
Nead an Iolair	Nad Eagles nest [illegible]	
Gleann Dá Loch		
Cnoc Mhuire	Knock	
Gleann Rua	Glen n	
Ros na Rún		
Cill Dara		

little thorn bush of dancing

An Ghaeilge agus an Teicneolaíocht

Baineann cúrsaí Gaeilge an-úsáid as ríomhairí chun an Ghaeilge a mhúineadh ar an gcaoi is nua-aimseartha. Ina theannta sin, is mó suíomh Idirlín Gaeilge atá ann anois agus is iomaí suíomh eile a bhfuil leagan Gaeilge de ar fáil.

Aimsigh samplaí dá leithéid agus scríobh anseo iad i rith na bliana.

Dúshlán Duit

Tá cúrsa nua idirghníomhach ar-líne in úsáid mar áis oideachais chun Gaeilge labhartha a mhúineadh i scoileanna dara leibhéal na tíre. "Abairleat.com" is ainm don suíomh a dhear Coláiste Lurgan, chun daoine óga a spreagadh i bhfoghlaim na Gaeilge trí chluichí agus obair idirghníomhach.

Socraíonn múinteoirí cuntais ar an suíomh dá gcuid ranganna féin agus déanann scoláirí iarratas via nasc ag www.abairleat.com.

Is féidir le tuismitheoirí agus múinteoirí monatóireacht a dhéanamh ar dhul chun cinn na scoláirí.

Bhuaigh "Abair leat" Duais Eorpach do Theangacha i 2008 mar áis a fheabhsaíonn múineadh na Gaeilge.

1. Cén sórt "áis nua" atá i gceist? ____________________
2. Cén bhaint a bhí ag Coláiste Lurgan leis an áis? ____________________
3. Cén moladh a fuair "Abair leat" i 2008? ____________________
4. Aimsigh cúig bhriathar ón bpíosa thuas. ____________________
5. Líon na boscaí leis na briathra a roghnaigh tú. ____________________

Fréamh					
A. Chaite					
A. Láithreach					
A. Fháistineach					
Modh Coinníollach					

• POPNUACHT • TOP 40 • GIG NUACHT •
• NA CAIRTEACHA GACH LÁ AR-LÍNE •

An t-aon chairt-stáisiún lánGhaeilge
don aos óg in Éirinn.

Seol blag chugainn inniu!

WWW.RRR.IE

Téigh go dtí www.rrr.ie. Ansin freagair na ceisteanna.

1. Cén t-am a bhí ann nuair a d'éist tú leis an stáisiún? ______________________

2. Ainmnigh dhá amhrán a bhí ar siúl ag an am sin. ______________________

____

3. Cad eile a chonaic tú ar an suíomh? ______________________

____

4. Cad é do mheas ar an stáisiún? Scríobh blag gairid anseo a sheolfá chuig Raidió Rí Rá.

____

____

____

____

____

Cúrsaí samhraidh

GAEL LINN

Beidh Gael-Linn, an eagraíocht Ghaeilge, ag eagrú dhá chúrsa samhraidh scannánaíochta do dhéagóirí le linn mhí Iúil.

Coicís a mhairfidh gach cúrsa a thabharfaidh seans iontach do dhéagóirí scannán a dhéanamh trí Ghaeilge in atmaisféar spraíúil taitneamhach.

Is iad na dátaí ná 1–14 agus 15–28 Iúil. Beidh na cúrsaí ar siúl in Ionad Gael Linn, Eachléim, Co. Mhaigh Eo.

Téigh go dtí "www.gael-linn.ie" chun foirm iarratais a íoslódáil.

Ábhair an chúrsa	
Aoisghrúpa	
Fad an chúrsa	
Eagraíocht Ghaeilge luaite	

An Ghaeilge Labhartha

Agus muid ag druidim le deireadh an aonaid seo, ba chóir go mba léir dúinn anois go bhfuil an-chuid Gaeilge timpeall orainn. Go minic bíonn Béarla ag dul leis an nGaeilge, mar a fheicimid ar fhógraí dátheangacha. Ar bhóithre na hÉireann, i bhfógraí nuachtáin, in ainmneacha comhlachtaí agus in ainmneacha daoine, feicimid go bhfuil an Ghaeilge feiceálach agus forleathan.

Cad faoin nGaeilge labhartha? Níos déanaí sa leabhar, féachfaimid ar an nGaeilge i ngaelscoileanna na tíre. Taobh amuigh den chóras scolaíochta áfach, tá clubanna Gaeilge ar nós "Sult" ann agus eagraíochtaí ar nós "Comhluadar" a reáchtálann imeachtaí as Gaeilge do pháistí óga. Is mó rang oíche a bhíonn ar siúl do dhaoine fásta ar suim leo feabhas a chur ar a gcuid Gaeilge labhartha nó tosú ag foghlaim na Gaeilge.

In ollscoileanna an domhain, bíonn tóir ar chúrsaí labhartha sa Ghaeilge.

Thar lear, tá clubanna Gaeilge i gcathracha móra ar nós Nua Eabhrac agus Chicago a chuireann béim ar chultúr na hÉireann agus ar an teanga.

OBAIR BHEIRTE

CUIR NA CEISTEANNA AR DO PHÁIRTÍ

SEACHTAIN NA GAEILGE

Cathain a bhíonn "Seachtain na Gaeilge" ar siúl?

Cén aidhm atá leis an tseachtain seo?

Conas a cheiliúrann do scoil "Seachtain na Gaeilge"?

An raibh tú riamh páirteach in imeachtaí "Sheachtain na Gaeilge"? Cad a rinne tú?

Cé na himeachtaí a chuirfeá ar siúl i rith "Sheachtain na Gaeilge" dá mbeifeá i gceannas?

Gaeilge á labhairt thar lear!

Chuaigh Cóilín Ó Floinn ar thuras go Nua Eabhrac agus tháinig sé ar dhá ionad a bhfuil Gaeilge á múineadh iontu – ollscoil agus teach tábhairne!

Osclaíodh teach tábhairne "Rocky Sullivans" sna nóchaidí agus bhí suim ag na húinéirí béim a chur ar chultúr na hÉireann. D'iarr siad ar Liam Mac Niallais ó Chathair Dhoire ranganna Gaeilge a mhúineadh sa teach tábhairne san oíche. Ba mhór an onóir do Liam a leithéid a dhéanamh agus ghlac sé leis an dúshlán. Fiche duine fásta atá ag freastal ar ranganna Liam faoi láthair.

Cainteoir dúchais eile is ea Pádraig Ó Cearúil atá ag múineadh na Gaeilge in Ollscoil Nua Eabhrac. Deir sé go bhfuil grá ag na daltaí atá ina rangsa do theangacha, do chultúr agus do cheol na hÉireann agus freastalaíonn siad ar ranganna comhrá Gaeilge san Ollscoil chun an grá sin a fhorbairt.

1. **Cad a d'fhoghlaim tú ón bpíosa seo?**

   (i) ____________________

   (ii) ____________________

   (iii) ____________________

2. **An bhfuil aon áit i do cheantar áitiúil ina bhfuil ranganna Gaeilge ar fáil?**

   ____

3. **Cá labhraíonn tusa Gaeilge? Cuir tic sa bhosca.**

   ☐ Sa rang Gaeilge ☐ Ar scoil ☐ Le múinteoir ☐ Le cairde
   ☐ Le gaolta ☐ Thar lear ☐ Ar fhón póca ☐ Eile

Beatha teanga í a labhairt!

Is féile idirnáisiúnta bhliaintiúil í Seachtain na Gaeilge a eagraíonn Conradh na Gaeilge chun an Ghaeilge a chur chun cinn. Déantar ceiliúradh ar an teanga trí imeachtaí a eagrú inar féidir Gaeilge a labhairt.

Bíonn ról an-mhór ag scoileanna na tíre in imeachtaí na seachtaine. Is mó seó faisin, seó tallainne agus ceolchoirm Ghaelach a bhíonn ar siúl trí Ghaeilge. Taobh amuigh de na scoileanna bíonn réimse leathan imeachtaí ar nós maidineacha caife, tráth na gceist boird agus céilithe. Cuireann na meáin chumarsáide, go háirithe TG4 agus RTÉ RnaG béim mhór ar an tseachtain a chuireann i gcuimhne dúinn Gaeilge a labhairt. Ar fud an domhain an tseachtain sin bíonn lucht na Gaeilge bródúil as a n-oidhreacht agus a nÉireannachas. Fiú in Ottawa bíonn suipéar Gaelach agus ceilí le ceol ón Ottawa Céilí Band ar Lá 'le Pádraig!

1. Faigh amach dátaí Sheachtain na Gaeilge i mbliana.

____

2. Féach ar an suíomh "snag.ie" agus scríobh síos samplaí d'imeachtaí a bheidh ar siúl timpeall na tíre.

____

____

____

3. Ainmnigh imeachtaí a bheidh ar siúl i do scoil nó i do cheantar i rith Sheachtain na Gaeilge.

____

____

____

4. Cé a dúirt "Beatha teanga í a labhairt"? ____________________

SULT

Club Ceoil agus Damhsa
Barra an Teampaill, BÁC 2

Déardaoin 14 Bealtaine 9i.n.

Damhsa Hip Hop

Déardaoin 21 Bealtaine 9i.n.

Amhráin i nGaeilge

Ná cailligí! Bígí linn!

Tuilleadh eolais (01) 6753658

www.clubsult.ie

Ard-Mhúsaem na hÉireann

Sráid Chill Dara, BÁC 2

Lá Gaeilge

Ceardlanna, Cainteanna, Turais threoraithe agus comórtais.

Domhnach 22 Deireadh Fómhair 2-5 i.n.

Fáilte roimh chách – Saor cead isteach

FÍOR NÓ BRÉAGACH

	Fíor	Bréagach
Tá Club "Sult" suite i gCill Dara.		
Baineann imeachtaí Sult le rince.		
Tá suíomh idirlín ag Sult.		
Beidh Oíche Ghaeilge san Ard-Mhúsaem.		
Beidh rince ar siúl san Ard-Mhúsaem.		
Bíonn an Lá Gaeilge agus imeachtaí "Sult" saor in aisce.		

www.ogras.ie

Cad é? ____________________

Téigh go dtí an suíomh agus faigh amach:

1. Cathain a bunaíodh Ógras? ____________________
2. Aoisghrúpa ____________________
3. Ainm an ghrúpa idir aois 8-12 ____________________
4. Féach ar an bpóstaer agus ainmnigh trí rud atá air. ____________________

   ____
5. Ainmnigh trí chomórtas a eagraíonn Ógras. ____________________

   ____
6. An mbeidh aon champa samhraidh ar siúl i do Chúige i mbliana? Cén áit?

   ____

TASC DUITSE

Dear fógra do thuras treoraithe as Gaeilge.

Roghnaigh áit i do cheantar a mheallann cuairteoirí, mar shampla caisleán, iarsmalann nó ionad oidhreachta.

Úsáid an liosta seo mar chabhair.

- ✓ Ainm na háite
- ✓ Seoladh
- ✓ Uimhir fóin/faics
- ✓ Seoladh r-phoist
- ✓ Suíomh Idirlín
- ✓ Teagmhálaí
- ✓ Dáta
- ✓ Lá
- ✓ Am an turais
- ✓ Costas

Poist le Gaeilge

Féach ar na fógraí thíos ó nuachtáin náisiúnta.

Ollmhargadh Uí Shé
An Spidéal

Cúntóir ag teastáil

Seilfeanna le líonadh
Freastal ar chustaiméirí
Gaeilge labhartha riachtanach

Cuir glao ar 091 648926

An Bhialann Bhlasta
An Daingean

Freastalaí á lorg

Post samhraidh sealadach
Taithí riachtanach
Gaeilge líofa

Iarratais le C.V. chuig
An Bainisteoir roimh 31 Bealtaine

Coláiste Mhichíl, Co na Mí

Folúntais do Cheannairí

ar 3 chúrsa samhraidh

- Iarrthóirí idir 18 – 24
- Ardchaighdeán Gaeilge idir labhartha agus scríofa
- Suim sna cluichí Gaelacha

Iarratais le teastas molta :
P. Ní Chuinn roimh 31 Aibreán

An Teanglann Eorpach

Aistritheoir ag teastáil– post buan

- Céim ardleibhéal sa Ghaeilge agus teanga Eorpach eile
- Pearsantacht thaitneamhach
- Scileanna ríomhaireachta

Iarratais chuig An Teanglann Eorpach

TASC DUITSE

1. Déan liosta de na poist éagsúla atá fógartha.

2. Aimsigh na cáilíochtaí maidir le Gaeilge atá iontu.

3. An mbaineann na folúntais go léir leis an nGaeltacht?

Post	Cáilíocht Gaeilge	Gaeltacht nó eile

An Ghaeilge Scríofa

OBAIR BHEIRTE

CUIR NA CEISTEANNA SEO AR DO PHÁIRTÍ

An cuimhin leat do chuid leabhar Gaeilge ón mbunscoil?

Cén t-ainm a bhí ar chuid acu?

Ar ordaigh tú cóip den Iris Nollag darbh ainm "Súgradh"? Cad faoi "Spraoi" nó "Sonas"?

Ar léigh tú aon scéal próis ón leabharlann riamh? Ainmnigh é/iad.

An bhfuil teideal aon leabhair as Gaeilge do pháistí ar eolas agat?
Cad é? Cé a scríobh é?

Cad iad na háiteanna ina bhfeiceann tú Gaeilge anois, seachas i leabhair Ghaeilge scoile?

Cad is ainm don nuachtán náisiúnta Gaeilge?

Ar léigh tú riamh é?

An féidir leat aon iris Ghaeilge a ainmniú?

Cluastuiscint Aonad 1

Cloisfear gach píosa faoi dhó

1.1 Gnáthleibhéal — Rian 1

1. Cá bhfuil Sinéad agus Áine? ______________________
2. Conas a thaistil Sinéad? ______________________
3. Cá bhfuil na fógraí le feiceáil? ______________________
4. Cén sórt fógraí a chonaic Sinéad ar na bóithre? ______________________

1.1 Ardleibhéal

1. Cad a rinne Sinéad i gCorcaigh roimhe seo? ______________________
2. Luaigh dhá dhifríocht a fheiceann Sinéad i gCorcaigh anois.

   (a) ______________________

   (b) ______________________
3. Cad leis a bhain na fógraí ar an mbus?

   (a) ______________________

   (b) ______________________
4. Cén fáth nach bhfaca Sinéad aon eastát tithíochta?

   ____
5. Cén mothúchán a luann Sinéad? ______________________

1.2 Gnáthleibhéal

Rian 2

1. Cén sórt comórtais a bheidh ar siúl? ealaín
2. Cad é an téama? An Ghaeilge timpeall orainn
3. Cad í an phríomhdhuais? cúig chéad euro / scoláireacht
4. Cad é an dáta deireanach? Aoine, 30ú lá Mheán Fómhair

1.2 Ardleibhéal

1. Cén eagraíocht Ghaeilge a luaitear? Foras na Gaeilge
2. Cad atá á eagrú acu? Comórtas ealaíne do dhaltaí dara leibhéal
3. Cén dá dhuais atá ar fáil?

   (a) cúig chéad euro

   (b) scoláireacht Gaeltachta

4. Cad atá le déanamh roimh 30 Meán Fómhair? Seol an iarratas chuig iarratais a bheith istigh

1.3 Gnáthleibhéal

Rian 3

1. Cén scoil atá i gceist? Pobalscoil na Carraige
2. Cé mhéad cúrsa atá ar siúl? tríocha
3. Luaigh dhá chúrsa. adhmadóireacht, cócaireacht, ríomhaireacht
4. Cén grád a fuair Eoin sa Ghaeilge? B
5. Cad a bhí á lorg ag an deireadh? bróisiúr, rang comhrá

1.3 Ardleibhéal

1. Cén fáth ar ghlaoigh Eoin ar an scoil? Ba mhaith leis eolas a fháil faoi chúrsaí oíche

2. Cá bhfios duit go bhfuil "réimse leathan" cúrsaí ar siúl? adh ccc ríomhaireachta

3. Cén dá chúrsa Gaeilge atá ar siúl?

   (a) daoine ag tosú ag foghlaim

   (b) a rinne an ardleib

4. Luaigh dhá bhuntáiste a bhaineann leis an dara cúrsa Gaeilge.

   (a) deichniúir

   (b) an t-idirlíon

   dearna beag

2 AN GHAELTACHT

Baile an Fheirtéaraigh
Tír Chonaill
Oileán Chléire
Gaoth Sáile
An Cheathrú Rua
Corca Dhuibhne
Toraigh
Gaeltacht na Rinne
Rann na Feirste
Ráth Chairn
Gort a' Choirce
Raidió na Gaeltachta
Dún Chaoin
Ceathrú Thaidhg
Leitir Ceanainn
Ros Muc
Carna
An Daingean
Gleann Cholm Cille
Inis Mór
Gaoth Dobhair
An Spidéal
Oileáin Árann
Béal Átha an Ghaorthaidh

Cad a chiallaíonn "Gaeltacht"?

Sainmhíniú:

____

____

Cad a chiallaíonn "Coláiste Samhraidh"?

Sainmhíniú:

____

____

____

1. Ar an léarscáil, cuir ciorcail timpeall ar na ceantair ina bhfuil Gaeltacht, dar leat.

2. Scríobh amach ainmneacha na gcontaetha atá i gceist.

(a) ______________ (b) ______________ (c) ______________

(d) ______________ (e) ______________ (f) ______________

(g) ______________

3. Déan liosta de na hoileáin sa Ghaeltacht.

(a) ______________ (b) ______________ (c) ______________

4. Cad a thugann tú faoi deara maidir le suíomh na nGaeltachtaí?

____

5. An bhfuil aon eisceacht ann? Cén fáth?

____

6. Scríobh síos ainmneacha roinnt bailte sna ceantair Ghaeltachta.

____

7. Cé na heagraíochtaí a fhreastalaíonn ar phobal na Gaeltachta?

____

8. Cé na gníomhaíochtaí a bhíonn i gceist nuair a théann dalta ar chúrsa Gaeilge i gColáiste Samhraidh?

Ar maidin: ____

Um thráthnóna: ____

Istoíche: ____

9. Faigh amach anois cé mhéad dalta i do rang a d'fhan i gceantar Gaeltachta riamh.

____

____

10. Cá mhéad dalta a d'fhreastail ar chúrsa samhraidh sa Ghaeltacht riamh?

____

NA GAELTACHTAÍ

Is é is brí le "Gaeltacht" ná áit nó ceantar ina labhraítear Gaeilge mar ghnáth-theanga chumarsáide. Tá seacht gceantar Gaeltachta in Éirinn.

- Corca Dhuibhne, Co. Chiarraí
- Cúil Aodha, Co. Chorcaí
- An Rinn, Co. Phort Láirge
- Ráth Chairn, Co. na Mí
- Conamara agus Oileáin Árann, Co. na Gaillimhe
- Gaeltacht Mhaigh Eo
- Tír Chonaill, Co. Dhún na nGall

Tá focail agus foghraíocht agus frásaí difrúla le cloisteáil i ngach Gaeltacht. "Canúint" a thugtar air sin. Tá na trí chanúint dhifriúla cloiste agat ar na dlúthdhioscaí don Teastas Sóisearach.

Gaeilge na Mumhan	**Gaeilge Chonnacht**	**Gaeilge Uladh**
Madra	Mada	Madú
Neomat	Nóiméad	Bomaite
Féach	Breathnaigh	Amharc

Scríobh isteach samplaí eile.

TASCANNA DUITSE

Cad is ainm don roinn rialtais ar a bhfuil cúram na nGaeltachtaí? Cad is ainm don Aire?

____

Déan staidéar ar an suíomh www.gaelsaoire.ie

____

LE PLÉ ...

Dúshlán Duit

An ceart go mbeadh Gaeilge líofa ag duine atá ag iarraidh teach a cheannach sa Ghaeltacht?

Conas a chuirfí an "riail" seo i bhfeidhm?

An ceart aon eisceacht a dhéanamh? Cé dó?

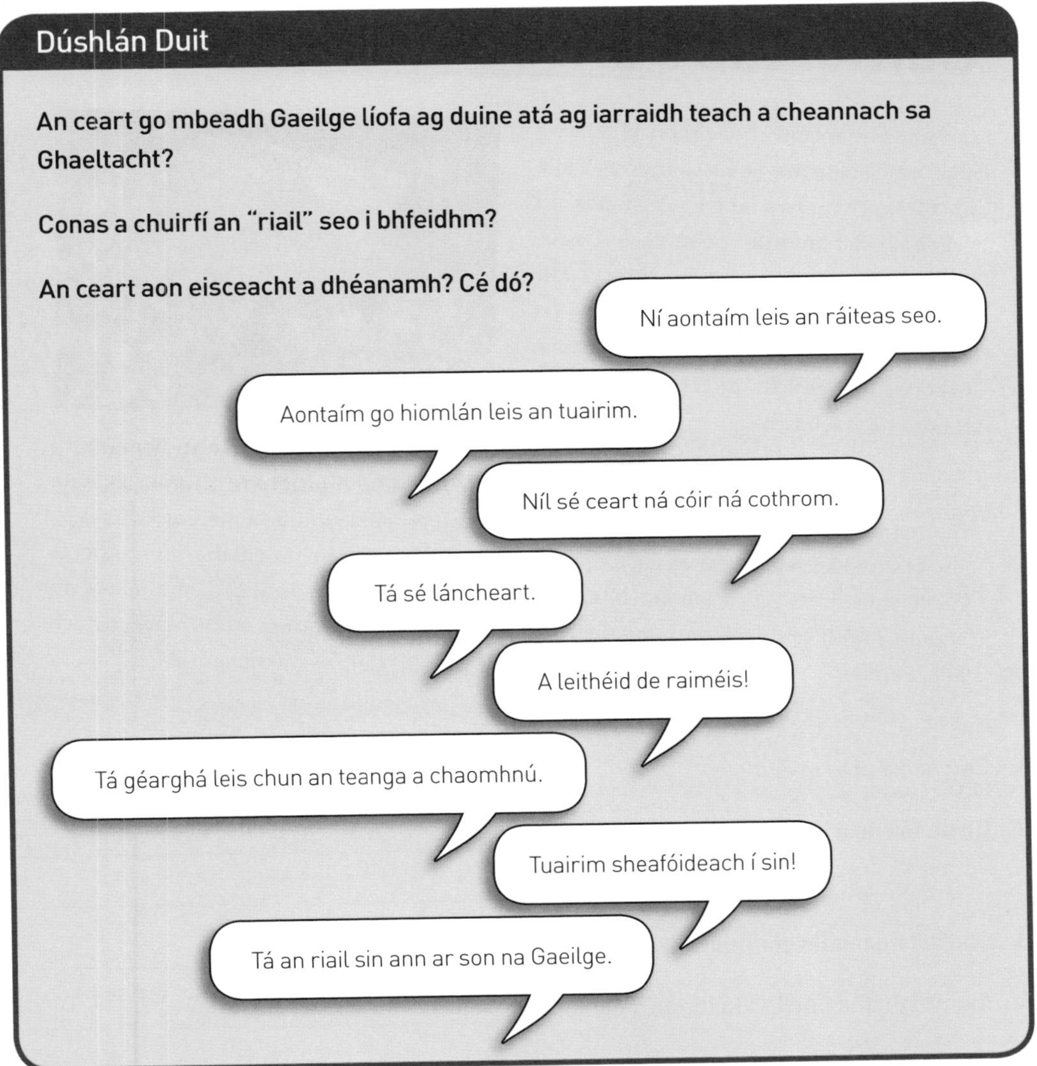

Comórtas Peile na Gaeltachta

Ócáid bhliantúil fíor-thábhachtach i saol na Gaeltachta is ea Comórtas Peile na Gaeltachta. Is é atá i gceist leis an ócáid ná ilchomórtas peile Gaelaí agus deireadh seachtaine mór spóirt idir foirne sóisir agus sinsir, fir agus mná trí mheán na Gaeilge i gceantar Gaeltachta. Craoltar na cluichí ar TG4 agus RTÉ Raidió na Gaeltachta.

Ba i nGaoth Dobhair a imríodh an chéad comórtas i 1969 agus bhuaigh an fhoireann áitiúil an chraobh an bhliain sin. Ó shin i leith tá foirne as gach ceantar Gaeltachta sa tír páirteach sa chomórtas chomh maith le foirne as Londain agus Béal Feirste.

Ba i Ros Muc a tharla an comórtas i 2009 nuair a bhuaigh Ard a' Rátha, Dún na nGall an chraobh i gcoinne Carna/Caiseal, Gaillimh. Bhain na sluaite an-chraic as na himeachtaí sóisialta a bhain leis an gcomórtas – tarraingt téide, rásaí currach agus siúl sléibhte mar shampla.

1. Cén ócáid atá i gceist? ______________________

2. Cé na foirne a imríonn sa chomórtas? ______________________

____

3. Cad iad na meáin chumarsáide a luaitear? ______________________

4. Ainmnigh dhá bhaile atá luaite sa phíosa. ______________________

5. Cad iad na Gaeltachtaí lena mbaineann na bailte seo? ______________________

____

6. Ainmnigh dhá imeacht shóisialta a chuirfeá ar siúl don deireadh seachtaine do lucht tacaíochta peile.

____

7. Faigh amach cén fhoireann a bhuaigh an comórtas i mbliana.

____

Inis Mór, Árainn.

Más ag lorg sos taitneamhach sa Ghaeltacht atá tú, rogha iontach is ea Inis Mór, an t-oileán is mó de na trí Oileán Árann. Suite amach ó chósta na Gaillimhe is féidir teacht ar Inis Mór ar eitleán nó bád ón míntír. Oileán beag ciúin sáite i gcultúr na hÉireann is ea Inis Mór le Gaeilge agus ceol traidisiúnta go flúirseach.

Is fiú go mór cuairt a thabhairt ar "Ionad Árann" atá suite i gCill Rónáin agus foghlaimeoidh tú faoi stair an oileáin chomh maith le samplaí de churrach agus húicéir a fheiceáil.

Maidir le taisteal timpeall ar an oileán is fiú go mór rothar a thógáil ar cíos chun dul chomh fada le Dún Aonghusa – an suíomh oidhreachta is cáiliúla ar an oileán. Tá capaill agus cairteacha ar fáil ag Cill Rónáin freisin agus mionbhusanna a thabharfaidh timpeall an oileáin tú.

Tá clú agus cáil ar Mháirtín Ó Direáin, file a rugadh ar Árainn agus a scríobh go minic faoina ghrá don oileán gleoite seo. Tharraing deartháireacha Uí Mhaolchiaráin aird ar Árainn nuair a bhuaigh siad Seó Tallainne na hÉireann sa bhliain 2009.

An t-oileán atá i gceist	
Faigh amach ainm an dá oileán eile	
An Ghaeltacht ina bhfuil na hOileáin	
Dhá chóras taistil luaite	
Rudaí a bhaineann le cultúr ann	
Ainm shuíomh cáiliúil ann	
Daoine cáiliúla ón oileán	

RAIDIÓ na GAELTACHTA

RTÉ RAIDIÓ NA GAELTACHTA

Is stáisiún raidió é a tháinig ar an aer ag a trí a chlog Domhnach Cásca, 2ú Aibreán 1972. Ba é an dara stáisiún raidió dleathach in Éirinn é ag an am sin. Ón 1ú Deireadh Fómhair 2001 i leith, tá Raidió na Gaeltachta ag craoladh 24 uair an chloig.

Seoladh beoshruth RTÉ Raidió na Gaeltachta ar an Idirlíon mí na Bealtaine 2000. Tá éisteoirí ag an stáisiún san Astráil, i Meiriceá Thuaidh, i Moscó agus san Eastóin.

Dar le suirbhé MRBI a rinneadh in Aibreán 2001, éisteann daoine leis an stáisiún toisc:

- Go bhfuil na cláir ar ardchaighdeán
- Go bhfuil seirbhís nuachta an-mhaith ar fáil air
- Go ndéantar tuairisciú an-mhaith ar imeachtaí áitiúla agus ar chúrsaí ceoil
- Go bhfuil an tseirbhís difriúil le meáin chumarsáide eile sa tír

Tá breis agus 80 duine ag obair don stáisiún anois – an chuid is mó díobh i gCasla, Conamara. Tá stiúideonna RTÉ Raidió na Gaeltachta lonnaithe sna mórcheantair Ghaeltachta: i gCasla, Conamara,: sna Doirí Beaga, Tír Chonaill, agus i mBaile na nGall, Corca Dhuibhne.

Meaitseáil A agus B

A	B
Bunaíodh Raidió na Gaeltachta	le Raidió na Gaeltachta i dtíortha éagsúla.
Craoltar	tá seirbhís an-mhaith nuachta air.
Éisteann daoine	24 uair an chloig anois.
Dar le suirbhé MRBI	ar an 2 Aibreán 1972.
Tá stiúideonna lonnaithe i	dtrí chontae.

Féach ar www.rte.ie/rnag

ÚDARÁS na GAELTACHTA

Dúshlán Duit

Is eagraíocht í a bunaíodh i 1980 agus a chuireann an Ghaeilge chun cinn sa Ghaeltacht.

Tá ceanncheathrú an Údaráis lonnaithe sna Forbacha, Co. na Gaillimhe ach tá oifigí réigiúnacha i nDún na nGall, i Maigh Eo, i gCiarraí agus i gCorcaigh.

Fiche ball atá ar Bhord an Údaráis.

Tá ról tábhachtach ag an Údarás sa Ghaeltacht maidir le fostaíocht a chruthú, infheistíocht a mhealladh agus an Ghaeilge a láidriú sa phobal, go háirithe i measc na n-óg.

Tá rannóg chultúir agus teanga ag an Údarás. Cuireann sé scéimeanna agus tionscnaimh i bhfeidhm ag cinntiú go mbeidh stádas ag an nGaeilge i measc lucht gnó agus i measc eagraíochtaí éagsúla sa Ghaeltacht.

A bhuíochas leis an Údarás, tá méadú tagtha ar líon na naíonraí sa Ghaeltacht agus ar sheirbhísí don óige.

Seo iad na freagraí. Cum na ceisteanna.

1. ______________________________

Cuireann sé an Ghaeilge chun cinn sa Ghaeltacht.

2. ______________________________

Sa bhliain 1980.

3. ______________________________

Sna Forbacha.

4. ______________________________

I gceithre chontae.

5. ______________________________

Fostaíocht, infheistíocht agus an Ghaeilge a láidriú sa phobal.

6. ______________________________

An rannóg chultúir agus teanga.

Féach ar www.udaras.ie

Gaeltacht Éagsúil

Sa bhliain 1910, mhol an scríbhneoir Pádraic Ó Conaire go mbunófaí coilíneacht Ghaeltachta i lár na tíre. Cúig bliana is fiche níos déanaí, ar an dara lá déag d'Aibreán, d'aistrigh aon duine dhéag as Conamara go Contae na Mí faoi scéim athlonnaithe pobail. Ba é cuspóir na scéime ná an Ghaeilge a threisiú ar fud na tíre. Dá mbeadh cainteoirí dúchasacha ag maireachtáil i measc cainteoirí Béarla, cá bhfios nach leathnódh an Ghaeilge ar fud an chontae agus níos faide fiú?

B'áit bhocht í Conamara sna tríochaidí. Bhí an iomarca daoine ann don talamh a bhí le fáil. Ní raibh mórán oibre ar fáil i Sasana ag an am agus mar an gcéanna i Meiriceá tar éis 1929. Faoin scéim, bhí ar na teaghlaigh a roghnaigh aistriú go Ráth Chairn bogadh amach go hiomlán mar bhí a dtithe agus a dtailte le roinnt ar na teaghlaigh a d'fhanfadh. Dháil Coimisiún na Talún talamh i Ráth Chairn, a bhain le tiarnaí talún neamhláithreacha, ar mhuintir Chonamara. Tógadh tithe dóibh agus bunscoil ach níor críochnaíodh í riamh.

D'aistrigh Micheál Ó Conaire ó Chonamara go Ráth Chairn nuair a bhí sé bliana déag aige. Ní raibh focal Béarla aige ag an am ach diaidh ar ndiaidh i gcomhluadar a chairde nua, d'fhoghlaim sé Béarla.

Is cuimhin leis gur péinteáladh na focail "These houses are for Meath people" ar na tithe a bhí á dtógáil do mhuintir Chonamara nach raibh tagtha fós. Cuimhne eile a fhanann leis ná gur scaoileadh piléir trí na fuinneoga sna tithe sin freisin. An raibh éad ar mhuintir na háite gur tugadh talamh do mhuintir Chonamara nuair a bhí súil acu féin leis? Roimhe sin tugadh rogha do mhuintir na Mí glacadh leis an talamh céanna nó glacadh le hobair cúig bliana ag tógáil bóithre.

Tugadh stádas Gaeltachta do Ráth Chairn i 1967. Ach bhí ar mhuintir na háite bagairt nach gcaithfidís vóta i dtoghchán na bliana sin mura dtabharfaí an stádas sin dóibh. Is í an Ghaeilge príomhtheanga an phobail sa lá atá inniu ann agus labhraíonn idir 600 agus 700 duine í mar theanga laethúil ann. Le blianta beaga anuas, bunaíodh comharchumann agus díolann siad suíomhanna tí sa cheantar do theaghlaigh le Gaeilge amháin.

I 1937 rinneadh iarracht eile coilíneacht Ghaeltachta a bhunú i mBaile Ghib. Meascadh teaghlaigh as Ciarraí, Conamara agus Tír Chonaill ach ós rud é nár thuig siad a chéile, d'iompaigh siad ar an mBéarla.

Scríobh abairt amháin bunaithe ar an sliocht ina mbeidh na focail seo a leanas.

1. Pádraic Ó Conaire

___

2. Conamara

___

3. Co. na Mí

___

4. Meiriceá

___

5. Coimisiún na Talún

___

6. Éad

___

7. Baile Ghib

___

8. An Ghaeilge

___

Léitheoireacht bhreise

"Breatnach na Carraige" as an gcnuasach "Bullaí Mhártain" le Síle Ní Chéileachair agus Donncha Ó Céileachair.

TASC DUITSE

Féach ar www.gaelsaoire.ie agus freagair na ceisteanna.

Cén Ghaeltacht í seo?

___

Cuir isteach na bailte seo a leanas ar an léarscáil:

Gaoth Dobhair, An Charraig, Árainn Mhór, Toraigh, Gleann Cholm Cille, Na Gleannta, Gort a' Choirce

Cén Ghaeltacht í seo?

___

Cuir isteach na bailte seo a leanas:

Indreabhán, Ros a' Mhíl, An Cheathrú Rua, An Spidéal, Inis Meáin, Inis Mór, Carna.

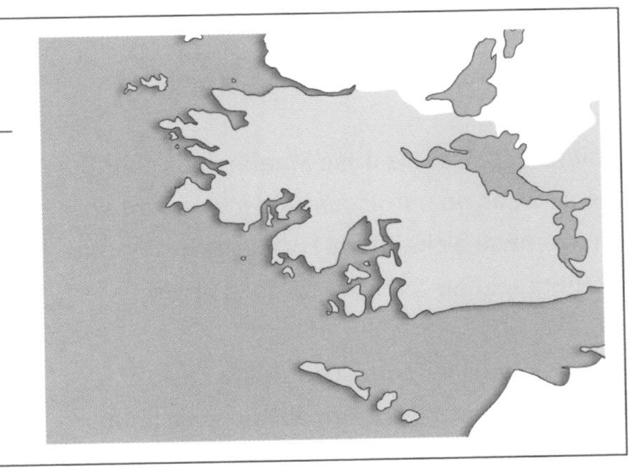

Cén Ghaeltacht í seo?

___

Cuir isteach na bailte seo a leanas:

Baile an Fheirtéaraigh, Ceann Trá, Lios Póil, Dún Chaoin, Baile na nGall

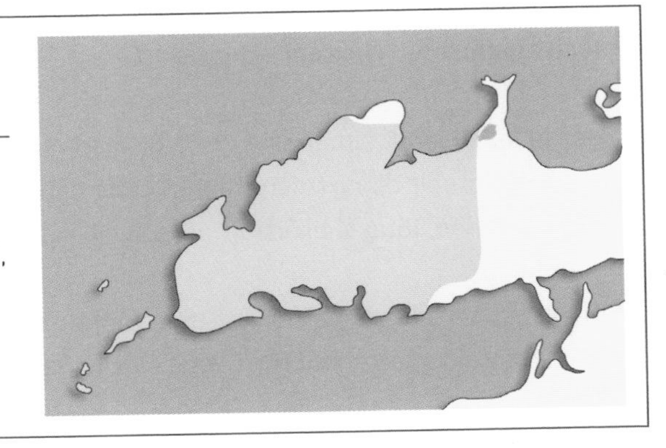

COLÁISTÍ SAMHRAIDH

Mo Thréimhse i gColáiste Samhraidh!

Haigh, a chairde! Is mise Maebh agus caithfidh mé a rá libh go bhfuil cuimhní áille agam ar an tréimhse a chaith mé i nGaeltacht Chorca Dhuibhne nuair a bhí mé sa dara bliain.

Ní raibh tuairim faoin spéir agam cad a dhéanfainn an samhradh áirithe sin ach lá amháin ar scoil, mhol an múinteoir Gaeilge dúinn dul go dtí an Ghaeltacht agus freastal ar chúrsa Gaeilge. Gheall sí go mbeadh craic iontach againn ann! Níor chreideamar í!

Go gairid ina dhiaidh sin, tharla go raibh cruinniú idir tuismitheoirí agus múinteoirí. Arís mhol an múinteoir do na tuismitheoirí cead a thabhairt dá bpáistí dul go dtí an Ghaeltacht agus an uair seo, thug sí bróisiúir amach. Ní raibh aon dul as agam!

An oíche sin, tar éis glao a chur ar thuismitheoirí mo charad Caoimhe, líon mé isteach an fhoirm iarratais agus sheol mé í agus seic le haghaidh cúig chéad euro sa phost an lá dár gcionn.

Ós rud é go raibh saoire teaghlaigh curtha in áirithe do choicís i mí Iúil, roghnaigh mé dul ar chúrsa trí seachtaine i mí an Mheithimh. Nuair a tháinig an spriocdháta, d'fhágamar slán ag an dá theaghlach ag an stáisiún bus agus ar aghaidh linn ar thuras trí uair an chloig i dtreo an Daingin. Is cuimhin liom go maith an turas thar na sléibhte agus chuir radharc na farraige agus an trá mhór fhada ag Inse iontas orm. Bhí mé tógtha leis an áit cheana féin.

Tugadh lóistín do chúig chailín déag i dteach feirme compordach i bhFeothanach, mé féin agus Caoimhe san áireamh. Thug bean an tí, Cáit, togha na haire dúinn agus bhí na béilí a rinne sí dúinn blasta den chuid is mó! Chuireamar an-aithne ar na cailíní eile agus is mó oíche dhéanach a chaitheamar ag insint scéalta dá chéile agus ag plé cérbh iad na buachaillí ba dheise ar an gcúrsa. An tríú hoíche ag an gcéilí, d'iarr buachaill dathúil ar Chaoimhe dul ag rince leis nuair a bhí "Rogha na bhFear" ar siúl agus tá siad ag dul amach lena chéile ó shin! Ní dhéanfaidh mé dearmad riamh ar an méid rothaíochta a rinneamar! Chuaigh mé i dtaithí ar an aer úr agus d'fhill mé abhaile le dath gréine iontach ar m'aghaidh. Chaill mé cloch meáchain ón spórt agus ón rince go léir a rinne mé ag na céilithe.

Caithfidh mé a admháil go raibh an ceart ag an múinteoir nuair a dúirt sí go mbeadh an-chraic agam sa Ghaeltacht. Tar éis cúpla lá, chuaigh mé i dtaithí ar an nGaeilge a labhairt agus roimh theacht abhaile bhí mé ag brionglóideach as Gaeilge fiú! Táim i dteagmháil fós leis na cailíní a bhí sa teach liom agus tá sé i gceist againn filleadh ar an nGaeltacht arís roimh scrúdú na hArdteiste.

LÍON AN GHREILLE

An contae ina raibh Maebh	
Ainm an cheantair	
Fad an chúrsa	
Córas taistil a luann sí	
Imeachtaí a bhí ar siúl	
An lóistín	
An bia	
An costas	

Déan staidéar ar an bhfógra seo.

Coláiste Dara
MUIRÍOCH, CO. CHIARRAÍ

FÓN: 066 8754932
Faics: 066 8754955
R-Phost: muiríoch@eircom.net

Cúrsaí Samhraidh 2012
Trí Seachtaine ar E900
Spórt agus Craic as Gaeilge
do Dhaltaí idir 12 agus 18

Tuilleadh Eolais Ó: Sinéad Ní Lochlainn

Cuir tic sna boscaí le hais na rudaí a chuirfeá i bhfógra nuachtáin do chúrsa Gaeilge sa Ghaeltacht. Féach thíos le haghaidh leidí.

Ainm an choláiste	☐	Laethanta na gcúrsaí	☐
Seoladh an choláiste	☐	Táillí na gcúrsaí	☐
Uimhir fóin an choláiste	☐	Aoiseanna na ndaltaí	☐
Uimhir faics	☐	Aoiseanna na múinteoirí	☐
Seoladh r-phoist/suíomh Idirlín	☐	Imeachtaí	☐
Ainm an phríomhoide	☐	Liosta rialacha	☐
Ainmneacha na múinteoirí	☐	Clár ama	☐
Dátaí na gcúrsaí	☐	Áiseanna an choláiste	☐

DEAR AN FÓGRA

TASC DUITSE

Féach ar fhístéip faoi na Coláistí Samhraidh.

Ar fáil ó "Gael Linn".

RÓLGHLACADH

Dia duit.

Dia is Muire duit.

An féidir liom cabhrú leat?

Táim ag lorg eolais faoi...

An seolfá bróisiúr chugam?

Cinnte!

Duine A = Tuismitheoir ag lorg eolais agus foirm iarratais do choláiste samhraidh.

Ról - Cuir glao fóin ar an rúnaí agus faigh eolas faoi chúrsa samhraidh do do pháiste atá sa cheathrú bliain ar scoil.

Breac síos anseo ar dtús na ceisteanna a chuirfidh tú.

Duine B = Rúnaí an Choláiste Samhraidh.

Ról - Freagair glao fóin ó thuismitheoir ag lorg eolais faoi chúrsa samhraidh. Bí cinnte go dtuigeann tú na focail cheisteacha seo:

Cé?	Cathain?	Cén áit?	Conas?
Cé mhéad?	Cad?	Céard?	

FOIRM IARRATAIS

Abair go mbeidh tú ag freastal ar Choláiste Samhraidh an samhradh seo chugainn. Líon isteach an fhoirm iarratais seo.

COLÁISTE EOIN
BLOCLITREACHA AMHÁIN, LE DO THOIL

Cúrsa - Cuir tic le do rogha

Do dhaltaí idir 13 agus 16: 2-24 Meitheamh	☐
Do dhaltaí Ardteiste: 27 Meitheamh-19 Iúil	☐
Do dhaltaí bunscoile: 21 Iúil-12 Lúnasa	☐

Túsainm an dalta ____________________

Sloinne ____________________

Seoladh baile ____________________

____

Ainm agus seoladh na scoile ____________________

____

Fón baile ____________________

An mbeidh rothar agat? ____________________

Cá bhfuair tú eolas faoin gcúrsa seo? ____________________

____

Ainm carad ar an gcúrsa céanna le bheith ar lóistín leat ____________________

____

Táim sásta glacadh leis na rialacha atá leagtha síos ag Coláiste Eoin

Síniú an dalta ____________________

Síniú an tuismitheora/chaomhnóra ____________________

Dáta ____________________ Éarlais iniata ____________________

TIONSCADAL - CEAP BRÓISIÚR

Taispeánfaidh do mhúinteoir bróisiúir dhifriúla duit de chúrsaí samhraidh. Féach ar na ceannteidil atá orthu. Cad iad?

Cúlra an choláiste
Léarscáil den cheantar
Grianghraif de dhaltaí agus de mhúinteoirí
Eolas faoin lóistín
Eolas faoi ranganna agus imeachtaí
Rialacha
Socruithe taistil

Anois, bain úsáid as leathanach A4, fill é i bhfoirm bróisiúir agus déan do bhróisiúr féin. Bailigh pictiúir oiriúnacha ó shean-nuachtáin, ó irisí nó ón Idirlíon agus greamaigh iad de.

Féach ar www.colaistenabhfiann.ie (Cliceáil ar "Cúrsaí")

TASC DUITSE

Faigh amach cad atá i gceist le "Scéim Labhairt na Gaeilge".

___

___

___

___

SCRÍOBH ALT

Is fiú go mór am a chaitheamh i gColáiste Samhraidh.

LÚBRA

Aimsigh 10 bhfocal a bhaineann leis an téama "An Ghaeltacht" sa lúbra.
Breac síos na focail nuair a aimsíonn tú iad.

S	R	C	G	L	R	I	T	S	T	C	O
R	O	D	A	Ó	I	M	B	P	R	U	Í
A	T	O	E	I	A	E	P	Ó	Í	A	T
N	H	R	I	S	L	A	L	R	A	I	N
G	A	E	L	T	A	C	H	T	R	R	A
A	R	L	G	Í	C	H	A	G	R	T	N
N	I	A	E	N	H	T	L	O	A	Á	A
N	M	R	D	E	A	A	L	R	I	S	E
A	P	C	É	I	L	Í	A	D	C	R	B
T	A	I	T	N	E	A	M	H	D	N	P

CROSFHOCAL

Trasna

5. Duine i bhfeighil an ranga
8. Bean an-tábhachtach
9. Imeachtaí ar siúl istigh anseo
10. Maireann sé trí seachtaine

Síos

1. Tagann feabhas uirthi
2. Líonann tú í
3. Caitheann tú an mhaidin ann
4. Déanann tú rince ag an ócáid seo
6. Ná bris iad!
7. Spraoi, taitneamh srl.
8. Tá cosc ar an teanga seo
11. Faigheann tú é ar cíos

Cluastuiscint Aonad 2

Cloisfear gach píosa faoi dhó

2.1 Ceisteanna comónta

Rian 4

1. Cén t-ábhar cainte atá ag an múinteoir? ______________________
2. Cá bhfuil na Coláistí Samhraidh? ______________________
3. Cá fhad a mhaireann cúrsa? ______________________
4. Cén costas atá ar chúrsa? ______________________
5. Ainmnigh dhá rud a bhíonn ar siúl i rith cúrsa.

   (a) ______________________

   (b) ______________________

6. Cén t-ainm atá ar an suíomh Idirlín? ______________________

2.2 Gnáthleibhéal

Rian 5

1. Cá raibh Seán inniu? ______________________
2. Cén obair bhaile a fuair siad? ______________________
3. Cé hé Liam? ______________________
4. Ainmnigh an coláiste ina raibh Liam. ______________________
5. Conas a bhí an aimsir an bhliain seo caite? ______________________

2.2 Ardleibhéal

1. Cén fáth ar chaill Seán lá ar scoil? ______

2. Cén fáth a luann Seán Liam? ______

3. Cén coláiste a thaitníonn le hOrla? Cén fáth? ______

______

4. Dhá mhíbhuntáiste a luann Seán.

   (a) ______

   (b) ______

5. Cad é an rud a chabhraigh le hOrla a haigne a dhéanamh suas?

______

2.3 Gnáthleibhéal

Rian 6

1. Ainmnigh an coláiste. ______

2. Ainmnigh an dalta. ______

3. Cathain a bheidh an dalta ag dul go dtí an Ghaeltacht?

______

4 An bhfuil cead aige ríomhaire glúine a thabhairt leis?

______

5. Luaigh riail amháin sa choláiste. ______

6. Luaigh dhá chaitheamh aimsire atá ag an dalta.

   (a) ______

   (b) ______

2.3 Ardleibhéal

1. An chúis ar ghlaoigh Bean Uí Bhriain. ______________________________

____

2. Cad é an socrú maidir le fóin phóca sa choláiste seo?

____

3. Luaigh trí rud a bhfuil cosc orthu.

(a) ______________________ (c) ______________________

(b) ______________________

4. Conas a chuir Micheál dallmullóg ar a mháthair? ______________________

____

5. Cén fáth go mbeidh ar mháthair Mhichíl cúpla focal a rá leis?

____

2.4 Gnáthleibhéal

Rian 7

Fíor nó Bréagach

1. Chuaigh an cailín go dtí an Ghaeltacht sa samhradh. ______________
2. Bhí beirt chairde ag dul léi. ______________
3. Bhí trá bheag ann. ______________
4. Bhí an halla suas an bóthar. ______________
5. Rinne sí drámaí beaga sa rang. ______________
6. D'imir sí peil ar an trá. ______________

7. Níor thaitin na céilithe léi. ______

8. Rachaidh sí ar ais go dtí an Ghaeltacht an bhliain seo chugainn. ______

2.4 Ardleibhéal

1. Cén fáth nár theastaigh ón gcailín dul go dtí an Ghaeltacht ar dtús? ______

______

2. Cén dá bhuntáiste a luaigh a tuismitheoirí léi? ______

______

3. Ainmnigh trí áis a bhí sa cheantar.

(a) ______

(b) ______

(c) ______

4. Ainmnigh rince a d'fhoghlaim sí. ______

5. Luaigh dhá rud a gheall na cailíní dá chéile.

(a) ______

(b) ______

3 AN GHAELSCOLAÍOCHT

SUIRBHÉ RANGA

Líon isteach na huimhreacha.

Líon na ndaltaí sa rang seo a d'fhreastail ar ghaelscoil ó ceithre nó cúig bliana d'aois suas go dtí rang 6.	
Líon na ndaltaí sa rang seo a chaith roinnt ama i ngaelscoil uair ar bith.	
Líon na ndaltaí sa rang inniu le gaol éigin acu atá ag freastal ar aon ghaelscoil sa tír.	
Líon na ndaltaí le deartháir nó deirfiúr i scoil dara leibhéal Ghaeilge anois.	
Líon na ndaltaí a labhair Gaeilge gach lá nuair a bhí siad sa bhunscoil.	
Líon na ndaltaí a chaith laethanta saoire/ turas scoile sa Ghaeltacht uair ar bith.	
Líon na ndaltaí a dhein cúrsa Gaeilge sa Ghaeltacht.	
Líon na ndaltaí atá báúil leis an nGaeilge.	

Cuir torthaí an tsuirbhé seo ar thábla grafach.

Meon i leith na Gaeilge sa rang seo faoi láthair.

Cuir tic sa bhosca.

Dearfach ☐

Diúltach ☐

Le feabhsú ☐

Gaelscoileanna

Focail Nua

oideachas · teanga dhúchais · buille tubaisteach · bata scóir · marc fisiceach · marc síceolaíoch · deis · Bascais · gluaiseacht

Ó d'oscail an chéad ghaelscoil a doirse sa bhliain 1972, tá fás thar cuimse tar éis teacht ar an sórt scolaíochta seo. Sa bhliain 2004, bhí oideachas trí Ghaeilge ag dul ar aghaidh i 150 gaelscoil bunleibhéal sa tír. Nach iontach an ní é go bhfuil páistí na tíre in ann oideachas a fháil inár dteanga dhúchais féin! D'fhéadfaí a rá gur náireach é nach raibh oideachas trí Ghaeilge ar fáil de cheart ó bhunú an Stáit.

Ar ndóigh, ní éasca an tasc a bhí ann córas oideachais nua as Gaeilge a chur ar fáil an chéad lá. Is iomaí buille tubaisteach a bhuail an Ghaeilge anuas trí blianta. D'fhág an bata scóir marc fisiceach agus síceolaíoch ar dhaltaí nuair a bhuailtí iad as Gaeilge a labhairt ar scoil ó 1831 ar aghaidh. Suimiúil go leor, tharla an rud céanna i dtír na mBascach i rith réim Franco sa Spáinn agus é ag iarraidh deireadh a chur leis an mBascais. Chinn an Eaglais agus na polaiteoirí cúl a thabhairt leis an nGaeilge i bhfabhar an Bhéarla sa naoú haois déag.

Ba leis na fadhbanna sin a leigheas a chuir dream daoine plean i bhfeidhm a thabharfadh deis do mhuintir na tíre oideachas Gaeilge a fháil. Is fíor a rá go bhfuil rath ar an ngluaiseacht mar ag tús 1990 bhí 13,163 dalta sa chóras gaelscolaíochta. Agus faoi 2006 bhí 27,694 dalta ag freastal ar scoileanna Gaeilge sa Ghalltacht.

1. **Cathain a osclaíodh an chéad ghaelscoil?**

   ____

2. **An bhfuil feabhas tagtha ar chúrsaí gaelscolaíochta ón mbliain sin? Mínigh.**

   ____

3. **Conas a bhí cúrsaí teanga in Éirinn agus sa Spáinn cosúil lena chéile?**

   ____

4. **Cad iad an dá ghrúpa daoine a thug cúl leis an nGaeilge sa naoú haois déag?**

   ____

TIONSCADAL

Féach ar an suíomh www.gaelscoileanna.ie

Brian Cowen

I gcaitheamh mo shaoil bhí spéis i gcónaí agam sa Ghaeilge. Is teanga bheo í agus tá ról thar a bheith tábhachtach ag scoileanna na tíre, ach go háirithe na gaelscoileanna, i gcur chun cinn na teanga. Tá ard-mheas agam ar an obair a dhéanann na scoileanna seo.

Mar thuismitheoir, tuigtear dom go bhfuil níos mó i gceist le gaelscoil ná gnáth-bhunscoil. Cruthaítear pobal scoile faoi leith toisc an bhéim a chuirtear ar thábhacht na Gaeilge agus an cultúr Gaelach. Mar seo bíonn cur amach ag na páistí ar an nGaeilge ó aois an-óg. Buntáiste amháin a bhaineann leis an tumoideachas seo ná go bhfuil ceangal láidir á chruthú le stair na tíre atá riachtanach don todhchaí chomh maith. Tá súil agam go mbainfidh mo pháistí féin tairbhe as a dtréimhse i ngaelscoil agus go dtabharfaidh sí tuiscint níos fearr dóibh ar a bhféiniúlacht mar Éireannaigh.

Brian Cowen
Tuismitheoir le páistí i nGaelscoil an Eiscir Riada

1. Cén teanga ina bhfuil suim ag Brian Cowen?

____

2. Cén ról atá ag scoileanna, dar leis?

____

3. Cad air a chuirtear béim sna gaelscoileanna?

____

4. Cad leis a bhfuil Brian ag súil dá pháistí?

____

ÁR dTAITHÍ i nGAELSCOIL

Bheartaigh an tUasal agus Bean Karwig as Corcaigh a bpáistí a chur chuig gaelscoil. Gearmánach is ea athair na bpáistí agus bhí sé tógtha leis an smaoineamh go mbeadh a pháistí dátheangach ag aois óg. Bhí sé ag súil freisin go gcabhródh oideachas trí Ghaeilge le cumas a pháistí i dteangacha eile. Is í Yvonne an cailín is sine sa chlann agus cúpla is ea Gillian agus Jurgen.

Yvonne

An rud is mó a thaitin liom faoin ngaelscoil ná gur scoil bheag a bhí inti nuair a thosaigh mise agus mar sin, bhí aithne mhaith agam ar gach duine. Níl sé sin fíor a thuilleadh ós rud é go bhfuil foirgneamh nua faighte ón Roinn Oideachais. Chuamar ar a lán turas scoile a mhaireann i mo chuimhne fós. Bhíodh an-bhéim ar spórt agus thaitin an chamógaíocht go mór liom, bíodh go raibh mé go dona chuige! Agus an Ardteistiméireacht ar siúl agam, thuig mé go bhfuair mé líofacht sa Ghaeilge agus féinmhuinín sa teanga ón oideachas a fuair mé sa Ghaelscoil.

Gillian

Thosaigh mé sa Ghaelscoil sa bhliain 1991. Thóg sé tamall orm dul i dtaithí ar Ghaeilge a labhairt sa chlós ag am lóin! D'fhreastail mé ar an-chuid ionad spóirt timpeall na tíre ag glacadh páirt i gcomórtais éagsúla. Is cuimhin liom go maith go mbíodh ballaí na seomraí scoile maisithe le pictiúir na ndaltaí agus bhain mé an-taitneamh as an mbanna ceoil Gaelach. Thug mé cuairt ar an ngaelscoil agus mé sa mheánscoil agus níor chreid mé go raibh gach rud chomh beag bídeach - deasca, cathaoireacha agus an doirteal beag sa chúinne.

Jurgen

Seasann ócáidí éagsúla amach domsa. Bhíodh "Lá Dearg" againn ar Lá Vailintín agus cóisir ar scoil in éadaí bréige d'Oíche Shamhna. Tháinig Daidí na Nollag ar cuairt chugainn i rang na Naíonán Beag agus na Naíonán Mór. Níor thuig mé ag an am conas go raibh Gaeilge aige! Chaitheamar róbaí os cionn ár gcuid éadaí féin don Chéad Chomaoineach - bhí náire orm faoi!

Bunscoileanna Gaeilge 2007/2008

Líon isteach an t-eolas ar an léarscáil.

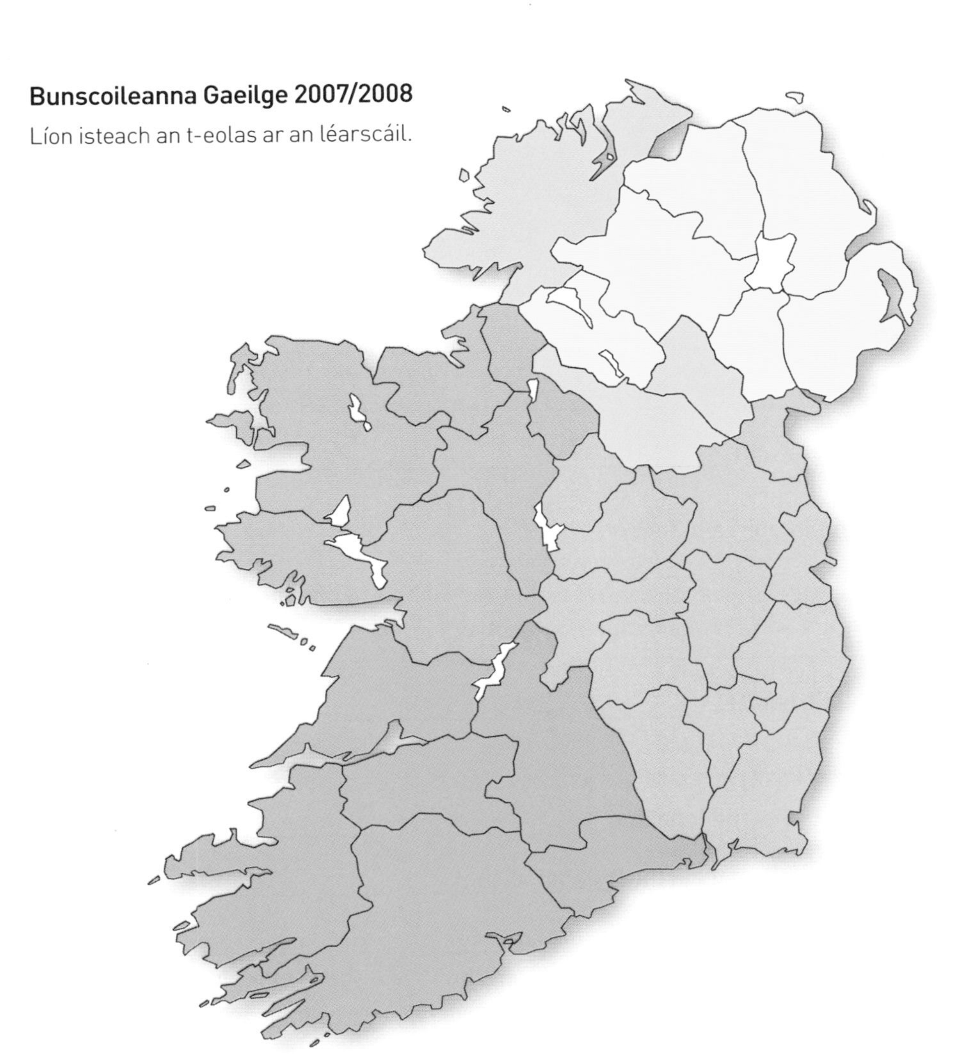

Aontroim	12
Ard Mhacha	4
Baile Átha Cliath	30
An Cabhán	1
Ceatharlach	1
Ciarraí	4
Cill Chainnigh	1
Cill Dara	6
Cill Mhantáin	5
An Clár	4
Corcaigh	22

Doire	6
An Dún	3
Dún na nGall	5
Fear Manach	1
Gaillimh	10
An Iarmhí	3
Laois	3
Liatroim	2
Loch Garman	3
An Longfort	1
Lú	2

Luimneach	5
Maigh Eo	4
An Mhí	6
Muineachán	3
Port Láirge	5
Ros Comáin	1
Sligeach	1
Tiobraid Árann	5
Tír Eoghain	6
Uíbh Fhailí	1

OBAIR GHRÚPA/BHEIRTE

Cuir ceisteanna ar dhuine i do rang a d'fhreastail ar ghaelscoil, agus scríobh an t-eolas sa ghreille.

Ainm an dalta ____________________

Ainm na gaelscoile ____________________

Seoladh na gaelscoile ____________________

Na blianta a chaith sé/sí ann ____________________

Ainmneacha triúr múinteoirí a mhúin é/í

1. ____________________

2. ____________________ 3. ____________________

An rang is mó a thaitin leis/léi ____________________

An chúis ____________________

An ócáid is mó a tharla ar scoil lena linn ____________________

Buntáistí a bhain le bheith ag freastal ar ghaelscoil ____________________

____

Imeachtaí as Gaeilge inar ghlac sé/sí páirt ____________________

____

Deacrachtaí a bhain le bheith ag freastal ar ghaelscoil ____________________

____

Athruithe a tháinig ar an ngaelscoil ó d'fhág sé/sí í ____________________

____

Gaelscoil Phádraig
Port Láirge

Oíche oscailte
do thuismitheoirí Naíonáin Bheaga
a bheidh ag tosú ar scoil Meán Fómhair
seo chugainn.

Déardaoin 20 Márta 6.30 – 8.30 i.n.
Tae agus caife ar fáil

Caint an phríomhoide – 8 i.n.
Fáilte romhaibh.

Gaelscoil Íde
Múinteoir ag teastáil
Ag tosú 3 Samhain
550 ar rollaí

Gach eolas ó:
Áine Ní Mhuirí,
Gaelscoil Íde, Inis, Co. an Chláir

Aimsigh na difríochtaí idir na fógraí seo.

____

____

____

____

____

____

____

____

DEAR FÓGRA

Abair gur tusa an príomhoide i ngaelscoil. Dear fógra ag lorg múinteora.

Gaelscoil Dara abú!

Osclaíodh Gaelscoil Dara sa Rinn Mhór, Gaillimh sa bhliain 1984. Is í an aidhm atá leis an scoil ná oideachas d'ardchaighdeán a chur ar fáil trí mheán na Gaeilge i suíomh a thabharfaidh deiseanna do na daltaí blaiseadh de chultúr, de cheol agus d'oidhreacht na tíre seo. Is í an Ghaeilge teanga bheo na scoile.

Ní gá ach féachaint ar shuíomh idirlín na scoile, www.gaelscoildara.com chun rath na scoile a fheiceáil. Cuirtear béim ar chúrsaí drámaíochta, ceoil agus aisteoireachta agus glacann na daltaí páirt i máinséar beo san Ardeaglais aimsir na Nollag. Bíonn an-suim agus spraoi ag na daltaí a fhreastalaíonn ar na ranganna Fraincise agus Spáinnise sa scoil. Tá fáil ar ranganna Karate agus ar ndóigh ranganna veidhlín agus damhsa Gaelach freisin.

Spreagann na múinteoirí na daltaí maidir le scríbhneoireacht agus léitheoireacht agus baineann na daltaí an-taitneamh gach bliain as bheith páirteach i "Write a book project" agus "Seachtain na Leabhar".

Níl aon dabht ach go bhfuil oideachas d'ardchaighdeán ar fáil do lucht na Gaelscoile seo.

LÍON NA BEARNAÍ.

1. Tá Gaelscoil Dara suite ______________________.
2. Cuireann Gaelscoil Dara oideachas ______________________ ar fáil.
3. Is í an ______________________ teanga na scoile.
4. Is é "www.gaelscoildara.com" ______________________ na scoile.
5. Múintear ______________________ agus ______________________ sa Ghaelscoil seo.

Aimsigh cúig shampla den Tuiseal Ginideach ón bpíosa thuas, mar shampla "meán na Gaeilge".

____

____

TIONSCADAL

Déan taighde ar an ngaelscoil is gaire duit. Faigh amach:

Ainm na scoile

Seoladh na scoile

Uimhir ghutháin

Suíomh Idirlín

An bhliain inar osclaíodh í.

Cé a d'oscail an scoil

Líon na ndaltaí faoi láthair

Líon na ndaltaí nuair a osclaíodh an scoil

Líon na múinteoirí faoi láthair

Líon na múinteoirí nuair a osclaíodh an scoil

Áiseanna

An t-am a thosaíonn na ranganna

Am dul abhaile

Ainm an phríomhoide

Dathanna ar an éide scoile

Culaith spóirt

Mana na scoile

Duaiseanna atá buaite ag an scoil

Mura bhfuil gaelscoil i do cheantar féach ar an suíomh Idirlín

www.gaelscoilnaduglaise.ie

DEAR FÓGRA

Abair go bhfuil Lá Oscailte le bheith ar siúl i nGaelscoil an Mhuilinn. Dear fógra nó póstaer don ócáid sin.

Ná déan dearmad ar na rudaí seo a leanas:

An lá

An t-am

An seoladh

Cé dó an Lá Oscailte? Cuir fáilte rompu.

An dtabharfaidh an príomhoide óráid? Cén t-am? Cén áit?

An mbeidh tae / caife ar fáil?

An mbeidh taispeántais éagsúla ar an lá?

An ngearrfar costas ar na cuairteoirí?

Uimhir ghutháin le haghaidh fiosrúchán

Seoladh ríomhphoist

Seoladh Idirlín

SCRÍOBH ALT

An tairbhe a bhaineann le gaelscolaíocht.

Cluastuiscint Aonad 3

Cloisfear gach píosa faoi dhó

3.1 Gnáthleibhéal

Rian 8

1. Cé a d'oscail an scoil? ______

2. Dhá phointe faoin scoil.

   (a) ______

   (b) ______

3. Dhá rud a d'eagraigh na tuismitheoirí.

   (a) ______

   (b) ______

4. Cé mhéad dalta a thosóidh sa scoil? ______

3.1 Ardleibhéal

1. Cén ócáid a ndéantar tagairt di anseo? ______

   ______

2. Cén fáth a bhfuil muintir na háite sásta anois? ______

   ______

3. Cén bhaint a bhí ag tuismitheoirí leis an ócáid? ______

   ______

4. Luaigh dhá phointe faoin scoil agus an Roinn Oideachais.

   (a) ______

   (b) ______

5. Cad a tharla roimh an gceol agus na seiteanna?

____

3.2 Gnáthleibhéal

Rian 9

1. Cén t-ainm atá ar an stáisiún raidió seo? ______________________

2. Cén scoil agus cén rang ina bhfuil Séamas? ______________________

3. Cén aois atá ag an scoil? ______________________

4. Ainmnigh beirt a chabhraigh leis an suíomh Idirlín.

   (a) ______________________

   (b) ______________________

5. Luaigh imeacht amháin a bheidh ar siúl i rith na seachtaine.

____

3.2 Ardleibhéal

1. Ainmnigh an clár raidió. ______________________

2. Cad a rinne rang Shéamais? Cén fáth? ______________________

____

3. Cén bhaint atá ag máthair Shéamais leis an scéal? ______________________

____

4. Luaigh dhá imeacht a bheidh ar siúl i rith na seachtaine. ______________________

____

3.3 Ceisteanna comónta

Rian 10

Fíor nó Bréagach

Tá líon na ngaelscoileanna tar éis fás. ____________________

Osclaíodh an chéad ghaelscoil i 1962. ____________________

Tá 300 gaelscoil sa tír. ____________________

Tá 27 gaelcholáiste sa tír. ____________________

Is i gCúige Chonnacht atá an líon is mó gaelscoileanna. ____________________

Tá an eagraíocht Gaelscoileanna suite i mBaile Átha Cliath. ____________________

4 LAETHANTA SAOIRE

SUIRBHÉ

Cuir tic sa bhosca.

Cé mhéad uair a bhí tú ar laethanta saoire (d'aon sórt)?

0–5 uair ☐ 5–10 uair ☐ 10–15 uair ☐ Níos minice ☐

Cathain is mó a théann tú ar saoire?

An Nollaig ☐ Briseadh meán-téarma ☐ An samhradh ☐ Eile ☐

Cé leis is mó a théann tú ar laethanta saoire?

Cairde ☐ Tuismitheoir(í) ☐ Gaolta ☐ Comharsana ☐

Cén ceann scríbe is mó a bhíonn agat?

Éire ☐ An Spáinn ☐ An Fhrainc ☐ Sasana ☐ Eile ☐

Cén sórt saoire is mó a thóg tú go dtí seo?

Saoire ghréine ☐ Saoire sciála ☐ Saoire champála ☐ Eile ☐

An raibh aon fhadhbanna ag baint leis an tsaoire?

Le lóistín ☐ Leis an aimsir ☐ Le tinneas ☐ Le bia ☐

Le taisteal ☐ Leis an teanga ☐ Fadhb ar bith ☐ Eile ☐

Conas a roghnaítear ceann scríbe do laethanta saoire?

Plé le do thuismitheoirí ☐ Staidéar ar bhróisiúir ☐

Plé le gníomhaire taistil ☐ Cuardach Idirlín ☐ Eile ☐

Cén sórt saoire ar mhaith leat a thógáil?

Saoire spóirt ☐ Deireadh seachtaine rómánsúil ☐ Coicís i Meiriceá ☐

Saoire thar lear ☐ Eile ☐

TASC DUITSE

Ag pacáil do chuid málaí

Beidh tú ag dul ar saoire ar feadh seachtaine sa samhradh.

Cad a thógfaidh tú leat ar do shaoire?

Líon an cás leis na focail!

Laethanta Saoire

Nach iontach iad na laethanta saoire? Smaoinigh ar feadh tamaill ar na laethanta deireanacha de mhí na Bealtaine, nuair a bhíonn tú ag dul as do mheabhair ar scoil! Bíonn na múinteoirí ag cur brú ort staidéar a dhéanamh do scrúduithe an tsamhraidh ach ní bhíonn uaitse ach saoirse ó na leabhair scoile. Is fearr fós deireadh an téarma nuair a bhíonn saoire beartaithe agat! Is cuma cá bhfuil tú ag dul – bíodh turas gairid cairr go contae eile i gceist nó saoire phacáiste thar lear – bíonn an tnúthán ar fheabhas.

Tá céimeanna difriúla ag baint le dul ar saoire. Bíonn taighde le déanamh chun socrú ar cheann scríbe a bheidh sásúil ó thaobh lóistín, aimsire, bia, costais agus a lán eile. Le blianta anuas is mór an t-athrú atá tagtha ar an tslí a gcuireann daoine a saoire in áirithe. Cuirtear lear mór saoire in áirithe ar an Idirlíon anois gan dul in aice le gníomhaire taistil ná le bróisiúir.

Idir an tsaoire a chur in áirithe agus lá an imeachta caithfear rudaí faoi leith a eagrú ag brath ar do cheann scríbe. Bíonn pas, ar a laghad ag teastáil do thíortha thar lear, mar aon le ceadúnas tiomána idirnáisiúnta má bhíonn tú ag iarraidh carr a thógáil ar cíos. I gcás saoire i bhfad i gcéin, d'fhéadfadh vacsaíniú a bheith ag teastáil agus víosa, leis. Don turas sciála, is gá éadaí oiriúnacha agus b'fhéidir fearas a eagrú roimh ré. De ghnáth, ceannaítear lóis ghréine, spéaclaí gréine, culaith shnámha agus éadaí nua mar chuid den ullmhúchán. Fad is atá na rudaí seo go léir ar siúl agat, déan deimhin de go bhfuil airgead á chur i dtaisce agat go rialta chun na costais a ghlanadh.

Ó theacht an euro, is cinnte go bhfuil cúrsaí taistil i bhfad níos fusa dúinn san Eoraip. Ní gá a thuilleadh airgeadra eachtrannach a fháil ach amháin i gcás Shasana.

Níl uait ach do bhagáiste a phacáil, na ticéid a phriontáil agus ar aghaidh leat!

1. **Cuir isteach na háiteanna ina bhfaightear na rudaí thíos.**

Bróisiúr saoire ____________________

Lóis ghréine ____________________

Culaith shnámha ____________________

Vacsaíniú ____________________

Pas ____________________

2. **Scríobh isteach cé acu buntáiste nó míbhuntáiste atá i gceist thíos. Mínigh ó bhéal cén fáth.**

Dath gréine ____________________

Teanga nua ____________________

Bia difriúil ____________________

Corrmhíol ____________________

Club oíche díreach in aice le d'árasán ____________________

Easpa ardaitheora ____________________

Fón póca a bheith agat ar saoire ____________________

Bheith ar oileán mara ____________________

Saoire in Éirinn ____________________

Ionad saoire gnóthach ____________________

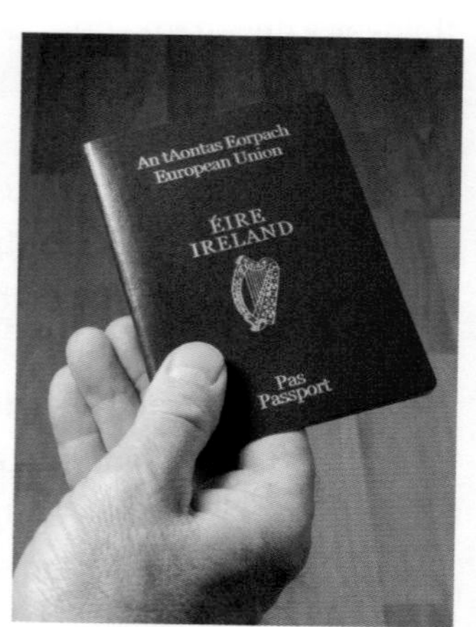

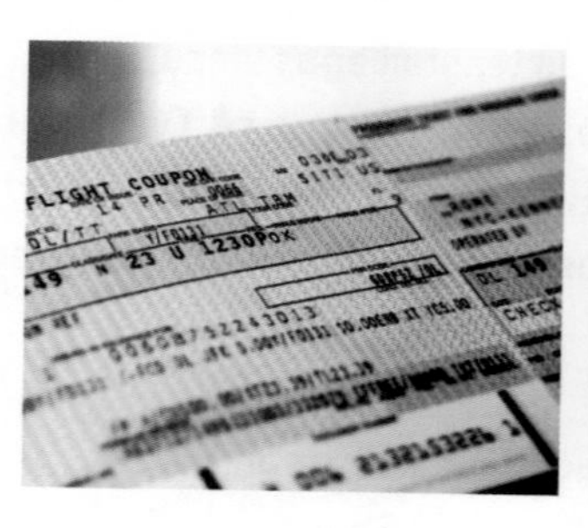

LÍON NA BEARNAÍ ón liosta thíos.

Bhí ar ________________ fanacht leis an eitilt go ________________. Tar éis dó

a ________________ a thaispeáint, lean sé air go dtí an t-ionad ________________.

Timpeall air bhí ________________ mhóra ar a raibh sonraí na n-eitiltí a bhí fós le

himeacht. Diaidh ar ________________ líon an áit le ________________, cuid acu ag

léamh, cuid eile ar a ________________, cuid eile fós a thit ina gcodladh.

Toisc ________________ trom a bheith ann, cuireadh moill ar an eitleán.

D'imigh uair an chloig agus ________________ an chloig eile agus fiú an tríú huair an

chloig ach fós ní ________________ sé uimhir a ________________ ar an scáileán.

Mhínigh ________________ don slua go mbeadh ________________ bordála eile in

úsáid agus leis sin d'éirigh Colm ________________. Fear ________________ ab ea é

de ghnáth. Bheadh sé ródhéanach anois aghaidh a thabhairt ar an ________________

ina raibh sé le bualadh lena chailín. Ar aghaidh leis go dtí an ________________.

geata – Baile Átha Cliath – Cholm – ceo – feithimh – deasc
cantalach – mbialann – bhfón póca – paisinéirí – eitilte – phas
scáileáin – uair – fhaca – foighneach – aeróstach – ndiaidh

LAETHANTA SAOIRE IN ÉIRINN

Dúshlán Duit

Go minic bíonn leisce ar dhaoine a admháil gur chaith siad laethanta saoire an tsamhraidh in Éirinn agus nár thóg siad turas thar lear. An é go bhfuil náire orthu gur fhan siad ina dtír féin?
Ar ndóigh, ní gá in aon chor an náire seo mar tá a cuid iontas féin ag Éirinn.

Féach mar shampla na radhairc tíre i gCiarraí. Chuirfeadh na sléibhte agus na lochanna an Eilvéis i gcuimhne duit! Téann na mílte turasóir timpeall lochanna Chill Airne gach bliain ag baint aoibhnis as eas Toirc, Loch Léin agus Bearna Dhún Lúiche. Níos sia siar, tá an radharc ar thrá Inse niamhrach agus an ghrian ag spalpadh. Ní féidir an turas timpeall Cheann Sléibhe a shárú – farraige ghorm thíos fút, Oileáin na mBlascaod sínte amach uait agus carraigeacha loma liatha ag coimeád súil ort an bealach ar fad timpeall. Ní féidir cur síos ar dhordán na mbeach i measc na ndeor Dé, gaineamh órga ar thrá Chlochair ná clisteacht na gcloch in aireagal Ghallarus. Ní gan ábhar a ghlaoitear "An Ríocht" ar Chiarraí!

Más suim leat an tseandálaíocht, tá go leor leor pluaiseanna, caisleán, túr, ráthanna agus tuamaí ar fud na hÉireann. Ceann de na tuamaí is mó cáil san Eoraip is ea Slí an Bhrú/ Brú na Bóinne. Dátaíonn sé ó thimpeall 3000 RCh, ach ní fios cé a thóg an tuama iontach seo ná cé atá curtha ann. Glactar leis go raibh scileanna ailtireachta, ealaíne agus innealtóireachta den scoth acu chun a leithéid a thógáil i ré nuair nach raibh in úsáid ach cloch. Iontas den chéad scoth ar fiú cuairt a thabhairt air. Más caisleáin atá uait, ní gá ach féachaint ar Chaiseal Mumhan i gContae Thiobraid Árann chun an seansaol a bhlaiseadh. Suite go hard maorga ar charraig os cionn an bhaile, radharc suntasach is ea é don chuairteoir pé bóthar isteach a ghlactar.

Ar fud na tíre, níl aon easpa mainistreach ná ardeaglaisí, clochar ná iontas a bhaineann le creideamh ár sinsear. Thiar i gConamara tá mainistir Kylemore suite cois abhann faoi bhun na sléibhte. Tá sé ar oscailt don phobal agus gheofar léargas ann ar an saol a bhí ag Mitchell Henry, milliúnaí ó Shasana, nuair a chónaigh sé ann. Anois baineann an mhainistir le hord ban rialta agus freastalaíonn daltaí ar scoil idirnáisiúnta ann atá le dúnadh, is baolach, sa bhliain 2010. A scéal féin atá ag gach mainistir, eaglais agus cloigtheach ó Chluain Mhic Nóis go Cnoc Meilearaí.

Más ag taisteal le páistí óga a bheidh tú, is iomaí áis atá ann do pháistí, is cuma pé áit sa tír a roghnaíonn tú mar ionad saoire. Tá tránna den scoth againn in Éirinn agus roinnt mhaith acu a bhfuil stádas "Brat Gorm" acu. Eagraítear ranganna spóirt uisce sa samhradh agus is féidir rogha a dhéanamh idir curachóireacht, marcaíocht toinne, sciáil uisce agus spóirt eile nach iad. Mura bhfuil an aimsir go ró-iontach, ar aghaidh leat chuig linn snámha faoi dhíon ar nós "Splashworld" sa Trá Mhór i bPort Láirge nó "Waterworld" i gCo. an Chláir. Is cinnte go mbainfidh páistí taitneamh mór as na sleamhnáin uisce agus na tonnta. Sna cathracha agus sna bailte móra níl aon easpa ionad súgartha do pháistí, faoi dhíon agus amuigh faoin aer. Is mó cúirt scidilí atá timpeall na tíre anois chomh maith le clubanna snúcair, pictiúrlanna agus leabharlanna a reáchtálann imeachtaí faoi leith do pháistí.

Sa lá atá inniu ann is breá le déagóirí am a chaitheamh le spórt i rith shaoire an tsamhraidh. Tá sé an-éasca freastal ar scoil spóirt nó campa spóirt sa samhradh. Is féidir do chuid ama a mheilt ag foghlaim marcaíocht capall, leadóige, haca nó aon spóirt eile is suim leat. Níl aon easpa teagaisc i gcúrsaí ceoil, ealaíne agus cócaireachta ach oiread.

Mar sin, ná bíodh aon leisce ort maíomh as na laethanta saoire a chaith tú in Éirinn. Tá músaeim, ionaid oidhreachta agus páirceanna náisiúnta den scoth againn, buíochas le "Dúchas". Ná fág na seoda Éireannacha ag na turasóirí amháin. Bí mórálach as do thír agus bain taitneamh aisti!

FÍOR NÓ BRÉAGACH

1. Bíonn gach duine ag maíomh as saoire in Éirinn. ______
2. Tá cosúlachtaí idir an Eilvéis agus Éire. ______
3. Tá meas ag an scríbhneoir ar Chiarraí. ______
4. Níl aon iontas seandálaíochta againn in Éirinn. ______
5. Tá radharc suntasach ón mbóthar ar Chaiseal Mhumhan. ______
6. Feictear a lán foirgneamh a bhaineann le creideamh ár sinsear. ______
7. Níl aon tránna glana againn. ______
8. Ceapann an scríbhneoir go bhfuil a lán áiseanna sa tír do pháistí. ______
9. Bíonn ranganna spóirt ar siúl sa samhradh. ______
10. Molann an scríbhneoir dúinn dul ar saoire in Éirinn. ______

TASC DUITSE

1. Aimsigh na háiteanna a luaitear sa phíosa agus cuir isteach iad ar léarscáil na hÉireann.
2. Cuir isteach na háiteanna inar chaith tú féin saoire.

ÉIRE

Scríobh isteach sa ghreille na hiontais atá feicthe agat in Éirinn.

	Ainm an iontais	Fáth ar thaitin nó nár thaitin sé leat
I gcathair		
Cois cósta		
Ar oileán		
I mbaile		
Faoin tuath		

Cad iad na difríochtaí idir saoire ghréine thar lear agus saoire ag taisteal in Éirinn?

1. Aimsir ghrianmhar	ACH	Aimsir chuíosach
2.		
3.		
4.		
5.		

TIONSCADAL

Déan taighde ar do rogha contae in Éirinn. Cuir bróisiúr le chéile a mheallfadh turasóirí ann.

LÓISTÍN

Is iomaí sórt lóistín atá ar fáil nuair a théann tú as baile.
Líon an ghreille seo le do thuairimí.

Puball				

Éist le tuairimí an ranga.

Is aoibhinn liom fanacht i(n) ______________________ mar ________________

____

Is fuath liom fanacht i(n) ______________________ mar ________________

____

Níor fhan mé riamh i(n) ______________________ ach ________________

____

TASC DUITSE

Tabhair isteach grianghraif de laethanta saoire a bhí agat agus déan cur síos orthu.

FOIRM ÓSTÁIN

Abair gur thóg tú saoire i gCorcaigh le déanaí. Fuair tú an fhoirm seo ón bhfáilteoir nuair a shroich tú an t-óstán. Cuir isteach freagraí oiriúnacha.

Óstán Uí Shé

Cloch na Coillte, Co. Chorcaí

Ainm ______________________________

Seoladh ______________________________

An dáta a tháinig ______________________________

An dáta a d'imigh ______________________________

Éarlais ______________________________

Íoctha ag ______________________________

Uimhir an ghluaisteáin ______________________________

Síniú ______________________________

Cláraithe ag ______________________________

Fág an eochair ag an bhfáiltiú le do thoil

Bíodh craic agat in Iarthar Chorcaí

LAETHANTA SAOIRE SCOILE

Cad iad?

Deireadh Fómhair – ______________________________

Mí na Nollag – ______________________________

Feabhra – ______________________________

Aibreán – ______________________________

Meitheamh – ______________________________

OBAIR BHEIRTE

CUIR NA CEISTEANNA AR DO PHÁIRTÍ

Cá fhad a fhaigheann tú don tsaoire scoile i nDeireadh Fómhair?

Cé na féilte a thiteann ag an am sin den bhliain?

Cad a dhéanann tú de ghnáth nuair a bhíonn laethanta saoire agat i nDeireadh Fómhair?

Cad a tharlaíonn ar scoil de ghnáth roimh laethanta saoire na Nollag?

Conas a chaitheann tú saoire na Nollag de ghnáth?

An bhfuil aon lá faoi leith i rith na laethanta saoire seo a thaitníonn go mór leat? Cén fáth?

Cé mhéad lá saor a fhaigheann do scoil don bhriseadh san earrach?

Cé acu is fearr leat, an briseadh meántéarma san earrach nó san fhómhar?

Sa tríú bliain, conas a chaith tú an "tsaoire" seo?

"Tá saoire an tsamhraidh ró-fhada." Do thuairim uait faoin ráiteas seo.

IS AOIBHINN LIOM LAETHANTA SAOIRE...

Buntáistí a bhaineann le bheith ar saoire.

Tá a lán buntáistí le bheith ar saoire go háirithe nuair a théann tú thar lear. Déan staidéar ar na frásaí thíos.

Cloiseann tú...
Faigheann tú taithí ar...
Bíonn deis agat...

Feiceann tú...
Is féidir leat...
Foghlaimíonn tú...

Blaiseann tú...
Buaileann tú le...

Téigh tríd an liosta seo thíos.
Cum buntáiste amháin faoi gach ceannteideal.

Bia ______________________________

Teanga ______________________________

Cultúr ______________________________

Daoine ______________________________

Taisteal ______________________________

Saol oíche ______________________________

Aimsir ______________________________

Sos ______________________________

Siopadóireacht ______________________________

Taithí Nua ______________________________

Teilifís ______________________________

GEARÁIN!

Mar is eol duit, ní féidir a rá go mbeidh gach uile rud faoi na laethanta saoire céad faoin gcéad ceart. Tarlaíonn botúin!

Mar shampla:

An fharraige – Bhí sí ró-fhuar le snámh inti.
– Bhí an iomarca feamainne ann.
– Bhí an trá an-chlochach.

Abair go raibh droch-thaithí agat ar laethanta saoire. Líon isteach na gearáin.

Lóistín ______________________________

____

Bia ____

____

Costas ____

____

Aimsir ____

____

Córas taistil ____

____

Daoine áitiúla ____

____

AON SCÉALTA SAOIRE TUBAISTEACHA AGATSA?
Inis don rang iad.

TASC DUITSE

1. **Ainmnigh tíortha na hEorpa le cabhair ó do pháirtí.**
2. **Scríobh isteach iad ar an léarscáil.**
3. **Ar thug tú cuairt ar aon tír díobh? Inis do do pháirtí.**

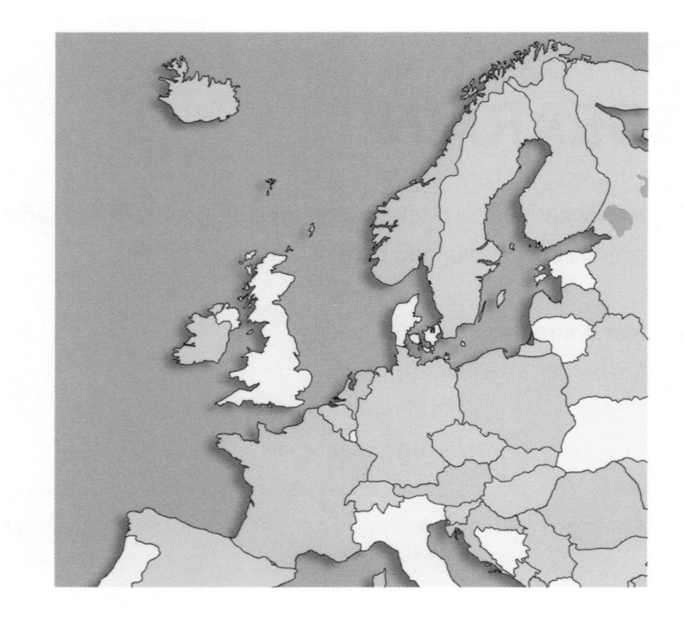

CAD ATÁ AR EOLAS AGAT FAOIN FHRAINC?

LÍON AN GHREILLE

Príomhchathair na Fraince	
Uachtarán na Fraince	
Daonra na Fraince	
Teanga na Fraince	
Sean-airgeadra na tíre	
Abhainn amháin sa tír	
Dathanna bhratach na tíre	
Tíortha suite in aice na Fraince	
Daoine cáiliúla ón Fhrainc (beo nó marbh)	

PÁRAS AR 10 EURO!

Sa mhílaois seo is iomaí deis atá ann chun dul ag taisteal, más é sin atá uait. Tá suíomhanna Idirlín ar fáil anois do gach sórt seirbhíse taistil, ionas nach mbíonn le déanamh ach cúpla cnaipe a bhrú chun ticéid eitleáin agus lóistín den scoth a chur in áirithe gan stró.

I gcompord a thí féin, chuaigh Donncha ar an Idirlíon ag scimeáil trí shuíomhanna éagsúla chun tréimhse i bPáras ar chostas réasúnta a phleanáil. D'éirigh leis eitilt ón tSionainn go Páras agus lóistín dhá oíche a fháil ar €200.

Turas deireadh seachtaine a bhí uaidh agus ar shroicheadh Pháras dó, bhain sé an-úsáid as an gcóras iontach iompair, Le Métro, chun radhairc cháiliúla na cathrach a fheiceáil ar níos lú ná deich euro. Is fiú go mór do thurasóirí dul i dtaithí ar an Métro, dar le Donncha. Téann línte an Métro faoi thalamh ar fud na cathrach agus amach go dtí na fo-bhailte agus ní bhíonn ach nóiméad nó dhó idir thraenacha. Ní bheadh uait ach léarscáil den Métro agus meabhair chinn éigin chun é a leanúint, dar leis.

Córas taistil éifeachtach, tapa, compordach is sábháilte is ea an Métro – is cinnte go bhféadfadh lucht iompair in Éirinn rud éigin a fhoghlaim uaidh!

RÓLGHLACADH

Duine A – Cara ag cur ceisteanna ar Dhonncha faoina laethanta saoire .
Duine B – Donncha ag labhairt faoina laethanta saoire i bPáras.

Glac róil na beirte. Ceistigh faoi:

a. Dul ar an Idirlíon – cén fad a thóg sé? An raibh sé deacair? Costas?
b. Pacáil – cad a thóg sé leis seachas éadaí?
c. An eitilt – an raibh fadhb ar bith léi? Cén fad a thóg sé?
d. Lóistín – cár fhan sé? An raibh an lóistín sásúil?
e. An Métro – cad é a mheas ar an gcóras seo? Aon fhadhb leis?

SCIUIRD AR PHÁRAS

Tá maorgacht ag baint leis an Arc de Triomphe. Is é an chéad radharc a fhaigheann tú air an radharc is mó a théann i bhfeidhm ort. Greanta air tá ainmneacha saighdiúirí a fuair bás ar son a dtíre agus tá uaigh an tsaighdiúra anaithnid faoin áirse agus lasair amháin lasta i gcónaí os a comhair. Tá fíoracha greanta ar bharr na háirse agus cruth iontach fós orthu. Ní hamháin go mbeidh tú tógtha leis an dealbhóireacht ach ní fhéadfaí suíomh an Arc a shárú. Ar thimpeallán ábhalmhór atá sé suite, agus téann feithiclí Pháras timpeall air gan stad gan staonadh agus iad beag beann ar an leacht álainn atá díreach in aice leo.

Cosnaíonn turas suas go barr Túr Eiffel naoi euro. Is fiú go mór é in ainneoin na scuainí do na hardaitheoirí. Ón mbarr feicfidh tú cathair Pháras agus abhainn an Seine ag sní tríd agus is fiú go mór turas a thabhairt suas istoíche agus soilse na cathrach ag lonrú thíos fút. Más amhlaidh nach maith leat a bheith in airde seans nach n-oirfeadh an ghné seo duit ó beidh tú míle troigh ón talamh gan fút ach na mílte píosa miotail is boltaí.

Tá cloiste ag mórán faoi na báid a théann suas síos an Seine ag iompar turasóirí leo chun radhairc na cathrach a fheiceáil. Ar naoi euro eile féadfaidh turasóirí dul ar thuras uair an chloig ar an abhainn agus tráchtaireacht dhátheangach a chloisteáil.

Faoi dhroichid áille is féidir do scíth a ligean agus radhairc nach bhfuil feicthe agat ach i ngrianghraif go dtí seo a fheiceáil cúpla slat uait. Tá an turas chomh deas gur minic a thógann muintir na Fraince bád ar cíos ar feadh cúpla uair an chloig sa tráthnóna, le béile speisialta a chaitheamh lena gcairde.

Focail nua: ______________________________

AN IORUA

Dúshlán Duit

Má thugaimid sracfhéachaint ar léarscáil na hEorpa, feicimid go bhfuil an Iorua suite in aice leis an tSualainn, agus píosa maith ó dheas den Rúis. Is beag eolas atá ag an ngnáthdhuine in Éirinn faoin Iorua ach is tír shuimiúil í. Ait go leor, níl an tír mar bhall den Aontas Eorpach. Tá saibhreas éisc, ola, adhmaid agus foinsí uisce aici agus mar sin tá sí neamhspleách, nach mór, ar thíortha eile.

Sa bhunscoil tosaíonn daltaí lena dteanga dhúchais, an Ioruais. I rang a dó, luíonn siad isteach ar an mBéarla agus i rang a cúig foghlaimíonn siad Gearmáinis. Go luath ina saol mar sin bíonn daoine óga san Iorua líofa i dtrí theanga. Má bhuaileann tú isteach i siopa nó in óstán agus tú sa tír, casann na freastalaithe ar Bhéarla gan deacracht ar bith chun labhairt le hÉireannaigh .

Bhí ceangal i gcónaí idir an Iorua, tuaisceart Shasana agus Albain. Bhí trádáil i réim idir Bergen agus calafoirt na Gearmáine ó na meánaoiseanna. Is as an nasc seo a d'fhás an líofacht i mBéarla agus i nGearmáinis ar ndóigh.

Ó thaobh na turasóireachta de, samhradh an-ghearr atá ag an Iorua toisc í a bheith chomh cóngarach sin don Mhol Thuaidh. Fós féin, is fiú go mór cuairt a thabhairt ar an tír tharraingteach seo.

Is í Oslo príomhchathair na tíre agus is í Bergen ar an gcósta thiar an dara cathair is mó. Daonra de 250,000 atá aici. Cuireann glaineacht na tíre ionadh ar dhaoine agus is ar éigean a bhíonn bruscar ar bith le feiceáil ann, murab ionann agus sa tír seo againne.

Tógadh séipéal Sogn timpeall 1150 AD. Séipéal Caitliceach a bhí ann ar dtús ach sa lá atá inniu ann feidhmíonn sé mar eaglais Liútarach.

Chas muintir na hIorua ar an Liútarachas aimsir an Reifirméisin. Foirgneamh fíor-shuimiúil is ea an séipéal ós rud é go bhfuil tionchar na Págántachta agus na Críostaíochta araon le feiceáil sa stíl tógála agus in úsáid an adhmaid. Deirtear go bhfuil an foirgneamh bunaithe ar mhodh déanta báid agus ar ndóigh bhí báid an-tábhachtach i saol na tíre, agus tá fós. Tá muintir Sogn bródúil as an séipéal seo os rud é go bhfuil sé beagnach naoi gcéad bliain d'aois agus fós slán. Láthair mhór turasóireachta is ea é.

I mBergen féin, tharla trí thine mhóra le cúpla céad bliain anuas agus scriosadh roinnt mhaith den chathair i ngach ceann díobh. Smaoinigh gur tithe adhmaid a bhí sa chathair sna meánaoiseanna agus mar sin, leathnaigh an tine amach go tapa. Ar ócáid amháin chuaigh lasracha na tine chomh fada le doirse an stáisiúin dóiteáin ach d'éirigh le lucht dóiteáin an tine a mhúchadh sular scriosadh an foirgneamh! Chreid muintir na cathrach gur mhór an náire a bheadh ann dá scriosfaí an stáisiún a bhí in ainm iad a chosaint ó thinte.

LÍON AN GHREILLE

Tír amháin atá suite in aice leis an Iorua	
Acmhainní nádúrtha	
Teangacha a fhoghlaimítear	
Príomhchathair na tíre	
Creideamh a bhí sa tír	
Baineann scéal na tine le	

AN IORUA (ar leanúint)

- Tá trian den Iorua suite ó thuaidh den Chiorcal Artach.
- Is é an sciáil an spórt náisiúnta. Tá léim sciála ag beagnach gach baile sa tír.
- Is lá saoire náisiúnta é an 17ú Bealtaine, Lá an Bhunreachta.
- Idir 1800 agus 1900 d'fhág níos mó ná 600,000 duine an Iorua chun obair a fháil i Meiriceá.
- Úsáidtear cumhacht hidrileictreach agus gás nádúrtha go forleathan agus mar sin is beag truailliú atá sa tír.
- Tá imeallbhord de 2650 ciliméadar ag an Iorua. Leis na fiordanna san áireamh, tá 21,351 ciliméadar i gceist.
- Talamh feirme atá i 3% den tír.
- Tá 20% den tír faoi chrainn.
- Foilsítear 80 nuachtán laethúil sa tír.
- Is é Olav II éarlamh na tíre.
- Idir 1349 agus 1350 fuair leath de dhaonra na tíre bás den Phlá.
- Bhí an Iorua neodrach sa Chéad Chogadh Domhanda.
- Leon, tua agus coróin atá ar armas na tíre.

Críochnaigh na habairtí seo a leanas;

1. Tá cuid den ________________ suite sa Chiorcal Artach.
2. Spórt an-choitianta sa tír is ea an ________________.
3. ________________ is ainm don lá náisiúnta.
4. Níl mórán truaillithe sa tír mar úsáidtear ________________ agus ________________.
5. Chuaigh na mílte ar imirce ón Iorua go ________________.
6. Scríobh síos cén bhaint atá ag na pictiúir leis an Iorua.

____

____

____

____

____

____

____

____

____

____

____

____

CAD ATÁ AR EOLAS AGAT FAOIN SPÁINN?

LÍON AN GHREILLE

Príomhchathair na Spáinne	
Rí na Spáinne	
Daonra na Spáinne	
Teangacha na Spáinne	
Sean-airgeadra na Spáinne	
Abhainn amháin sa tír	
Dathanna bhratach na tíre	
Tíortha suite in aice na Spáinne	
Daoine cáiliúla ón Spáinn (beo nó marbh)	

AN SPÁINN

Dúshlán Duit

Sangría, siesta, tairbh, saoire i Marbella – ar ndóigh tá tú ag smaoineamh cheana ar an Spáinn. Ach an mbeifeá chomh tapa an tír chéanna a aithint dá luafaí La Granja agus San Sebastián?

Tá meon áirithe ag Éirinn i leith na Spáinne. Ceapann formhór mhuintir na hÉireann gur ionad saoire gréine atá sa tír agus a hoileáin áille, agus é sin amháin. Ní fhéadfadh dul amú níos mó a bheith orthu. Má thaistealaíonn tú amach ó limistéar na saoire pacáiste, gheobhaidh tú radharc eile ar fad ar an Spáinn.

Cathair ghleoite is ea Maidrid, príomhchathair na Spáinne. Is ann a fheicfidh tú dealbh Cibeles, áit a gceiliúrann lucht leanúna Real Madrid. Chun sos a fháil ón tsíor-thrácht is fiú cuairt a thabhairt ar an bpáirc cathrach "El Retiro" ina bhfuil crainn agus loch bádóireachta. Cathair iontach eile is ea Barcelona. Tá clú agus cáil ar an Ardeaglais "La Sagrada Familia", a dhear an t-ailtire Gaudí, agus ar Las Ramblas – sráideanna breátha leathana i gcroí na cathrach.

"La Granja de San Ildefonso" is ainm d'eastát ollmhór taobh amuigh de chathair Segovia. Is ann a chuirtear taispeántas creathnach uisce ó shé cinn is fiche d'easanna difriúla ar siúl do na mílte gach samhradh. Bíonn daoine ó gach cearn den domhan sa slua timpeall an easa agus teannas sceitimíní le brath san aer. Chomh luath is a shileann na céad bhraonta ón gcéad eas, téann an slua ar a mbarraicíní roimh dhraíocht an easa, ag iarraidh cleasa an uisce a thuiscint. Scaoileann an slua gáir mhór áthais astu agus bíonn an taispeántas uisciúil faoi lán seoil! Leanann an slua ó eas go heas agus bíonn seans acu ornáideachas agus ealaíontacht gach easa a fheiceáil sula dtosaíonn an seó uisce san eas sin!

Úsáidtear an méid sin uisce sa taispeántas nach féidir ach eas amháin nó dhó a chur ar siúl ar laethanta eile na bliana.

Rún eile de chuid na Spáinne is ea an taispeántas idirnáisiúnta tinte ealaíne a tharlaíonn i gcathair San Sebastián gach Lúnasa. Gach oíche ar feadh seachtaine, taispeánann tír dhifriúil a cumas i gcomórtas tinte ealaíne. Arís, bailíonn na sluaite, dúchasaigh agus eachtrannaigh ina measc, chun an eachtra speisialta a fheiceáil. Lasann na tinte ealaíne an spéir ar feadh leathuair an chloig os cionn an cheantair álainn seo cois farraige i dtuaisceart na Spáinne. Cloistear an t-uafás "úúú" agus "ááá" ón lucht féachana agus bíonn an-iomaíocht ann don duais luachmhar.

Is mó seoid atá ag an Spáinn. Gheobhaidh tú cultúr spéisiúil, ealaín, seandálaíocht, ceol, caisleáin agus blaiseadh de thír atá á ceilt uainn ag na gníomhairí taistil i bhfabhar na dtránna. Imigh isteach faoin tír agus geallaim duit nach mbeidh aon aithreachas ort!

1. Cad iad na siombailí a shamhlaíonn daoine leis an Spáinn, de ghnáth?

____

2. Cad atá le déanamh chun radharc eile a fháil ar an Spáinn?

____

3. Cén áit a bhfaighfeá suaimhneas i Maidrid?

____

4. Cad a mholann an scríbhneoir duit a dhéanamh in Barcelona?

____

5. Cad a tharlaíonn i "La Granja"?

____

6. Ar mhaith leat cuairt a thabhairt ar San Sebastián? Cén fáth?

____

7. Cén gearán atá ag an scríbhneoir faoi ghníomhairí taistil?

____

TIONSCADAL

Déan taighde ar do rogha ionad saoire.

Cuir é i láthair an ranga.

TASC DUITSE

Cuir na habairtí san ord ceart.

A. Seiceáil isteach ag an deasc san aerfort Éireannach.

B. Fill abhaile ón tsaoire.

C. Ullmhaigh do bhagáiste sa bhaile.

D. Uaslódáil do ghrianghraif ón tsaoire ar do ríomhaire.

E. Imigh ar do shaoire.

F. Ceannaigh earraí chun dul ar saoire.

G. Smaoinigh faoi dhul ar saoire.

H. Cuir na laethanta saoire in áirithe.

An t-ord ceart =

LÚBRA

Aimsigh ar a laghad 15 focal a bhaineann le laethanta saoire.
Scríobh thíos iad.

s	e	a	c	h	t	a	i	n	c	a	r	r
g	r	i	a	n	f	e	l	d	ó	i	t	e
e	c	o	s	t	a	s	t	e	a	n	g	a
p	s	s	g	i	l	s	í	e	o	b	á	d
a	u	o	r	d	t	u	r	a	s	f	e	b
s	l	s	d	i	v	a	t	i	c	é	a	d
p	t	o	t	r	a	e	i	n	b	i	a	f
a	e	i	t	l	e	á	n	m	o	l	g	i
i	t	f	o	í	e	o	r	a	i	p	c	l
n	r	á	s	o	s	a	s	a	n	a	p	l
n	á	g	t	n	ú	t	h	l	ó	i	s	m

CROSFHOCAL

Trasna

1. Ar do cheann
3. Ag fanacht i bpuball
6. Sult
7. Gaineamh
10. Málaí taistil
11. Freastalaí ar eitleán
13. Saoire sa sneachta
15. Áis nua-aimseartha
16. Tógtar grianghraif leis
17. Caitheann tú é sa samhradh

Síos

2. Le ceannach roimh ré
4. Tír in aice leis an Danmhairg
5. Doiciméad oifigiúil
8. Áit dheas le fanacht
9. Modh taistil
12. Le caitheamh sa linn snámha
14. Doiciméad oifigiúil

Cluastuiscint Aonad 4

Cloisfear gach píosa faoi dhó

4.1 Gnáthleibhéal

Rian 11

1. Cén cheist a chuireann Seán ar Áine? ______
2. Cén sórt saoire a mholann Áine ar dtús? ______
3. Ainmnigh dhá thír (seachas Éire) a luann siad. ______
4. Cad a dhéanfaidh Seán um thráthnóna? ______

______

4.1 Ardleibhéal

1. Cén t-ábhar atá á phlé ag Seán agus Áine? ______

   ______

2. Cén fáth nach bhfuil Seán sásta dul ag campáil? ______

   ______

3. Cén dá thír ina mbíonn an aimsir go hiontach?

   ______

4. Conas a spárálfaidh siad airgead? ______

   ______

4.2 Gnáthleibhéal

Rian 12

1. Cén tír atá i gceist? ____________________
2. Luaigh rud amháin atá cáiliúil faoin gcathair. ____________________
3. Cad a ghlaonn isteach sa chathair? ____________________

4.2 Ardleibhéal

1. Cén chathair atá i gceist? ____________________
2. Ainmnigh dhá rud a tharraing cáil ar an gcathair seo.
   (a) ____________________
   (b) ____________________
3. Cad a bhíonn ar an bpríomhchearnóg? ____________________
4. Cén fáth a nglaonn long chúrsála isteach sa chathair seo? ____________________

____

4.3 Gnáthleibhéal

Rian 13

1. Conas a bhí saoire Íde? ____________________
2. Cá raibh an stailc ar siúl? ____________________
3. Cé mhéad a chosain an tacsaí? ____________________
4. Cá raibh óstán Íde suite? ____________________
5. Cad a tharla d'Íde ar "Las Ramblas"? ____________________

4.3 Ardleibhéal

1. Conas a mhol Colm Íde? ______

2. Cad a tharla d'eitilt Íde ar an tslí amach? ______

3. Luaigh dhá chúis a raibh mí-ádh ar Íde.

   (a) ______

   (b) ______

4. Luaigh míbhuntáiste amháin faoin óstán. ______

5. Cén fáth a ndeachaigh Íde chuig na póilíní? ______

   ______

5 AN TIMPEALLACHT

Líon isteach an bosca thíos leis na gnéithe nádúrtha atá sa domhan.

Sléibhte...

Déan liosta de na daoine nó grúpaí a dhéanann damáiste don phláinéad i do thuairim.

Scríobh síos ainmneacha daoine nó grúpaí a thugann aire don domhan.

OBAIR BHEIRTE

CUIR NA CEISTEANNA SEO AR DO PHÁIRTÍ

Ar scoil

An bhfuil go leor boscaí bruscair i do scoil?
Cá bhfuil na boscaí bruscair?
Cé a fholmhaíonn na boscaí bruscair?
An bhfuil boscaí difriúla ann do phlaisteach, cannaí, páipéar agus dramhbhia?
Cé a ghlanann suas tar éis lóin?
An bhfuil mórán guma coganta faoi na deasca?
An bhfásann plandaí agus bláthanna timpeall na scoile?
An gcruthaíonn siopa na scoile bruscar?
Cé a ghlanann na seomraí ranga ag deireadh an lae?
An gcaitear tobac sna leithris?
Cá gcuireann tusa do bhruscar?
An ndéanann Comhairle na nDaltaí aon obair ar son thimpeallacht na scoile?

Do cheantar

An dóigh leat gur ceantar glan nó ceantar salach é do cheantarsa?
An bhfuil brainse de Choiste na mBailte Slachtmhara i do cheantar?
Cá bhfuil na boscaí bruscair i do cheantar?
An bhfolmhaítear iad go minic nó an mbíonn siad lán ar feadh i bhfad?
An bhfuil bainc athchúrsála i do cheantar?
An mbíonn an-chuid bruscair ann tar éis aon fhéile nó ócáid shóisialta ar leith?
An bhfuil trá/ abhainn/ loch glan i do cheantar?
Cá dtéann an bruscar a bhailítear ó na tithe i do cheantar?
Cén lá a bhailítear an bruscar ó do theachsa?
Cad a dhéantar le crainn Nollag i do cheantarsa nuair a bhíonn an Nollaig thart?

Gaillimh chun Tosaigh!

Tá muintir na Gaillimhe ag déanamh a ndíchill ar son na timpeallachta. Sa bhliain 2001 caitheadh €2.6 milliún ar scéim mhúirín agus athchúrsála, rud a chiallaíonn go roinntear bruscar i mboscaí dubha, donna agus glasa, ionas gur féidir an chuid is mó de a athchúrsáil.

Is sa bhosca donn a chuirtear fuíoll bia, féir agus aon ábhair eile ar féidir múirín a dhéanamh astu. Bailítear an bruscar seo gach coicís agus tugtar é go hIonad Mhúirín na cathrach i Lios Bán. Cuirtear bruscar nach bhfuil dainséarach ach nach féidir a athchúrsáil isteach i mbosca dubh – rudaí ar nós scragall stáin – agus úsáidtear é mar ábhar le talamh a líonadh. Aon bhruscar atá dainséarach, mar shampla sean-bhatairí, péint, fiailnimh, is féidir iad a thabhairt go hionad faoi leith de chuid na Comhairle.

Cén toradh atá air seo? Déantar athchúrsáil ar 50% de dhramhaíl teaghlaigh anois agus leis seo tá Gaillimh deich mbliana chun tosaigh ar na sprioc- fhigiúirí a bhí acu. Comhghairdeas!

Is iad seo na freagraí. Cum na ceisteanna.

1. ______________________
   Muintir na Gaillimhe.
2. ______________________
   €2.6 milliún.
3. ______________________
   Dubh, donn agus glas.

4. ______________________
   Lios Bán.
5. ______________________
   Ní féidir athchúrsáil a dhéanamh.

6. ______________________
   Péint agus fiailnimh.
7. ______________________
   Deich mbliana.

DEIS COMHRÁ

Cad a dhéanann *do cheantar féin* ar son na timpeallachta?

____

____

____

____

CONAS IS FÉIDIR LIOM CABHRÚ?

1. Athúsáid aon rud is féidir agus tóg ______________, ______________ agus ______________ go dtí an banc athchúrsála is gaire duit.
2. Coimeád na háiteanna ina mbíonn tú glan – do sheomra ______________, do sheomra ______________, na ______________ ar a siúlann tú.
3. Bí freagrach as do bhruscar féin – fillteáin ______________, ______________, ______________ agus ______________. Úsáid na boscaí ______________.

Féach ar an suíomh idirlín www.tidytowns.ie

1. Cén bhliain a thosaigh Comórtas na mBailte Slachtmhara?
2. Cén aidhm atá ag an gcomórtas?
3. Cén baile a bhuaigh an comórtas i 1958?
4. Cé mhéad baile a chuireann isteach ar an gcomórtas na laethanta seo?
5. Cathain a fhógraítear na buaiteoirí?

OBAIR BHEIRTE

CUIR NA CEISTEANNA AR DO PHÁIRTÍ

Cá bhfuil an t-ionad athchúrsála poiblí is gaire duit?

Cad is féidir a athchúrsáil ann?

An bhfuil boscaí bruscair faoi leith agaibh sa bhaile d'ábhar athchúrsála?

Cén duine sa teaghlach a thosaigh an córas athchúrsála ? Cén fáth?

Cé chomh minic is a théann tusa go dtí an t-ionad?

An mbíonn an t-ionad gnóthach?

An mbíonn aon fhadhb ann, mar shampla bainc lán, bruscar fágtha ar an talamh?

An ceart táillí a íoc as an tseirbhís bhailithe bruscair?

An dóigh leat gur post dian é a bheith i do bhailitheoir bruscair?

An bhfuil córas athchúrsála i do scoil? Mínigh.

Cén duine is mó a thugann aire do thimpeallacht na scoile?

BÍ AIREACH! NÁ CUIR AN PLÁINÉAD i mBAOL!

1. Tá ceimiceáin dhainséaracha i bpéint. Ceannaigh péint nádúrtha atá déanta as ola phlanda.
2. Smaoinigh ar fhuinneoga le gloiniú dúbailte a cheannach. Le fuinneoga mar iad, bheadh sé níos saoire an teach a théamh.
3. Cuir seaicéad fálaithe ar an téiteoir uisce.
4. Cuir glasraí, torthaí agus luibheanna ag fás i do ghairdín. Déan múirín as craiceann na nglasraí agus na dtorthaí.
5. Taistil ar chóras iompair poiblí nó déan iarracht carr a roinnt nuair a bhíonn tú ag dul amach le do chairde.

DEAR PÓSTAER

...ag cothú eolais ar an timpeallacht i measc déagóirí.

UISCE, UISCE I nGACH ÁIT

An chéad uair eile duit i siopa, tabhair sracfhéachaint sa chuisneoir agus feicfidh tú buidéal i ndiaidh buidéil lán d'uiscí difriúla. Is féidir roghnú idir uisce Chonamara, uisce Chiarraí, uisce Thiobraid Árann, gan trácht ar uisce Evian na Fraince!

Nuair a thosaigh an nós seo san Eoraip – uisce a cheannach i mbuidéal – ní raibh muintir na hÉireann gafa leis. Nach raibh ár n-uisce ón sconna sa chistin breá folláin agus pé scéal é, rud ardnósach ab ea é branda uisce bhuidéalaithe a bheith i do ghlaic agat! Ghlac na

Francaigh agus na Spáinnigh leis an nós i bhfad siar sna hochtóidí. Ó shin i leith tugadh isteach rialacha is dlíthe timpeall na hEorpa maidir le díolacháin uisce bhuidéalaithe.

Ciallaíonn uisce mianra gurb uisce é ó fhoinse nádúrtha, gan aon rud á chur leis nó á bhaint uaidh. I 1982 thosaigh Geoff Read comhlacht "Ballygowan" agus faoin mbliain 1994 b'fhiú £27 milliún é. Is iomaí cúis a luaitear leis an rath atá ar an tionscal seo ach i measc na gceann is coitianta tá

- easpa muiníne sa soláthar uisce phoiblí
- imní faoi thruailliú uisce
- suim in aistí bia agus i nósanna maireachtála sláintiúla.

Forbairt amháin a tháinig ar an tionscal ná díolacháin uisce le blas. Sa bhliain 2000 in Éirinn, díoladh 86 milliún lítear d'uisce buidéalaithe. Uiscí le blas ab ea 22 milliún lítear de sin.

DEIS COMHRÁ

An gceannaíonn tú uisce buidéalaithe de ghnáth? Cén fáth?

____

____

An gceannaíonn tú uisce i mbuidéal agus tú thar lear? Cén fáth?

____

____

An roghnaíonn tú branda faoi leith? Cén fáth?

____

____

Ainmnigh brandaí difriúla uisce.

____

____

Cé na praghsanna atá ar na brandaí difriúla?

____

____

AN BHFUILIMID AG TABHAIRT AIRE DON TIMPEALLACHT?

Dúshlán Duit

Ba i 1992 a eagraíodh an chéad Ollchruinniú Domhanda i Rio. Ghlac príomh-airí an domhain freagracht as ár bpláinéad ach faoi 2002 bhí sé soiléir go raibh ag teip ar a misneach. Dar le Pádraigín Mhic Cionnaith (MEP) ag an am, ní raibh Rialtas na hÉireann ag comhlíonadh a dhualgas toisc nach raibh polasaithe dramhaíola curtha i bhfeidhm go fóill.

Sa bhliain 1804, bhí billiún duine ar an bpláinéad seo. Shroich an daonra líon dhá bhilliún faoi 1927. Trí bliana is tríocha níos déanaí, bhí ceithre bhilliún i gceist agus i 1999 sroicheadh an sé bhilliún. Faoin am go gcríochnóidh tú an píosa léitheoireachta seo, beidh 3000 duine breise tar éis teacht ar an domhan!

Cén bhaint atá aige seo leis an timpeallacht, a deir tú? Ar dtús, smaoinigh ar an méid bruscair a chuirtear amach ó do theach gach seachtain. Méadaigh é sin faoi gach dalta i do rang, i do bhliainghrúpa, i do scoil, i do chomharsanacht, i do chontae agus feicfidh tú an fhadhb! Smaoinigh ar feadh nóiméid ar an méid carranna, leoraithe, veaineanna agus gluaisrothar a chonaic tú ar maidin ar do bhealach ar scoil. Úsáideann siad go léir peitreal nó díosal agus scaoiltear an sceitheadh amach san aer timpeall orainn. An gcreidfeá go bhfuil 800,000,000 carr in úsáid againn ar an bpláinéad seo i láthair na huaire.

Tá teocht an domhain tar éis ardú aon chéim ceinteagrádach le tríocha bliain anuas. Mar sin, deirtear go n-ardóidh leibhéal na bhfarraigí méadar amháin sa chéad seo. Tá oighearshruthanna ag leá agus chaill Kilimanjaro (an sliabh is airde san Afraic) trian dá chuid oighir le deich mbliana anuas. Tá speicis de phlandaí agus d'ainmhithe á gcailliúint againn gach lá. Feicimid go bhfuil an soláthar domhanda iasc agus ola ídithe go maith.

Úsáideann Stáit Aontaithe Mheiriceá 30% d'acmhainní an domhain. Úsáidtear 80% d'fhuinneamh an domhain i Meiriceá agus san Eoraip i dteannta a chéile. An gá dom leanúint ar aghaidh? Cá mbeimid i gceann fiche bliain?

Le blianta beaga anuas táimidne in Éirinn ag éirí níos cúramaí faoin timpeallacht. Is mó banc athchúrsála atá ar fáil anois agus bíodh nach bhfuil go leor díobh ann fós agus nach bhfolmhaítear iad minic go leor, tá ar a laghad tús curtha leis an obair. Agus táillí bruscair bunaithe ar mheáchan bruscair tagtha isteach ó Eanáir 2005, tá, b'fhéidir, tuiscint níos fearr ag an gnáthdhuine nach réiteach a thuilleadh é gach bruscar a chur faoi thalamh.

Tháinig treoir "WEEE" ón Aontas Eorpach i bhfeidhm i mí Lúnasa 2005, a chiallaíonn go bhfuil de dhualgas ar Éirinn 16,000 tonna de dhramhaíl leictreach agus leictreonach a athchúrsáil in aghaidh na bliana. Is ar tháirgeoirí a thitfidh an cúram earraí ar nós cuisneoirí, meaisíní níocháin agus mar sin de a chur de láimh go dleathach. Dar le Dick Roche, Aire Timpeallachta 2005, tá an t-infrastruchtúr ann chuige agus glacfar le hearraí leictreacha sna hionaid seo timpeall na tíre. As seo amach beifear in ann ríomhairí, folúsghlantóirí, triomadóirí gruaige, bréagáin, tóstaeir agus a leithéid a athchúrsáil. Le cúnamh Dé, feabhsóidh sé cúrsaí timpeallachta agus feicfear deireadh le dumpáil mhídhleathach ar thaobh an bhóthair.

FÍOR NÓ BRÉAGACH

1. Tharla an dara Ollchruinniú Domhanda i Rio i 1992. ____________
2. Dúradh ag an am nach raibh Rialtas na hÉireann ag déanamh a chion ar son na timpeallachta. ____________
3. Is ag dul i méid atá daonra an domhain i gcónaí. ____________
4. Cruthaímid go léir bruscar. ____________
5. An trácht faoi deara roinnt truaillithe. ____________
6. Tá teocht an domhain ag ardú. ____________
7. Ardóidh leibhéal na farraige méadar amháin i mbliana. ____________
8. Níl aon éifeacht ag truailliú ar phlandaí ná ar ainmhithe. ____________
9. Níl go leor banc athchúrsála sa tír. ____________
10. Tháinig táillí bruscair bunaithe ar mheáchan isteach i 2006. ____________
11. Baineann treoir "WEEE" le hearraí leictreacha amháin. ____________
12. Is féidir ríomhairí agus bréagáin a athchúrsáil anois. ____________

Tabhair aire!

Má smaoinímid ar na gnéithe nádúrtha timpeall an domhain, tuigfimid cé chomh saibhir is atá sé. Faigheann turasóirí blas de na hiontais dhifriúla ar fud na cruinne nuair a thugann siad cuairt ar thíortha eile. Tá an méid sin farraigí, lochanna, aibhneacha agus sruthán ar an bpláinéad seo nach gceapfá riamh go mbeadh ganntanas uisce ann. Dá ndéanfá liosta de na créatúir agus de na plandaí a mhaireann iontu, bheadh sé an-fhada ar fad!

Níl aon teorainn leis na hiontais san aer ach oiread – na héin, na feithidí, na scamaill, an bháisteach agus an sneachta fiú! Ná déanaimis dearmad ar na foraoisí, sléibhte, gaineamhlaigh, easanna, oileáin agus an fásra a bronnadh orainn.

Le teacht an chine dhaonna ar an bpláinéad, thosaigh athrú ag teacht ar an Domhan. Ó thús aimsire, bhí rudaí nua á gcruthú agus rudaí eile ag dul in éag. Sampla amháin is ea plaisteach. Níl aon dabht ach gur iomaí úsáid is féidir a bhaint as plaisteach: déantar an t-uafás earraí as agus mar sin is iomaí post atá ag brath air. Tugadh amach málaí plaisteacha ar feadh na mblianta sna siopaí chun earraí grósaera a iompar abhaile agus cuireadh formhór na málaí in ionaid dumpála faoi thalamh. Roinnt mhaith eile áfach, shroich siad an fharraige, áit a dtógann sé idir 10 agus 20 bliain iad a dhianscaoileadh! Faigheann an turtar saonta bás mall má itheann sé mála plaisteach – ceapann sé go bhfuil smugairle róin* á ithe aige.

Bheadh mórchuid daoine den tuairim gur drochrud é an toitín. Gan trácht ar na fadhbanna sláinte a chruthaíonn siad, loiteann siad an timpeallacht freisin. Sa bhliain 2002 chaill Cathair na Mart a stádas mar an bhaile ba shlachtmhaire in Éirinn de dheasca an méid guma coganta agus bunanna toitíní a bhí ar shráideanna an bhaile. Ní lasmuigh amháin a bhíonn fadhb againn le guma choganta, níl le déanamh ach féachaint faoi dheasc scoile chun fianaise a fháil ar fhadhb an ghuma!

D'fhéadfaí bheith ag caint go brách na breithe ar cé chomh míchúramach is atáimid in Éirinn faoin timpeallacht. Má théann tú amach faoin tuath, feicfidh tú seanchuisneoirí agus seanghluaisteáin dumpáilte sna páirceanna nó ar thaobh an bhóthair. Ag lag trá feicfidh tú buidéil agus earraí plaisteacha, cliathbhoscaí, fillteáin mhilseáin, cannaí agus clúidíní linbh caite i leataobh ag daoine ar cuma leo faoin timpeallacht. Pé feabhas a chuireann Comórtas na mBailte Slachtmhara ar bhailte na hÉireann, is snámh in aghaidh easa é mura bhfuil polasaithe agus rialacha cuimsitheacha ag an rialtas chun truailliú a chosc mar aon leis an gcumhacht fíneálacha troma a ghearradh orthu siúd a dhéanann neamhshuim díobh.

* jelly fish

Dúshlán Duit

1. Cé na foinsí uisce atá luaite in Alt 1?
2. Luaigh trí iontas sa spéir.
3. Cén sampla a thugtar d'athrú a tháinig le teacht an chine dhaonna?
4. Luaigh dhá chúis go gcáintear málaí plaisteacha.
5. Cén fáth a luaitear Cathair na Mart?
6. Cén fhadhb thruaillithe a bhíonn ar scoil?
7. Cé na hearraí a dhumpáiltear faoin tuath? Cois farraige?
8. Cén moladh a thugtar do Chomórtas na mBailte Slachtmhara?

LÍON NA BEARNAÍ ón liosta thíos

1. Tá an domhan seo ______________ mar tá gnéithe nádúrtha iontacha againn.

2. Is foinse uisce iad na farraigí agus na h______________ agus na ______________.

3. Cruthaíonn ______________ fadhbanna ar muir agus ar talamh.

4. Chaill Cathair na Mart duais ______________ i 2002.

5. ______________ agus ______________ ba chúis leis an gcailliúint sin.

6. Iompaíonn an taoide a lán ______________ leis.

7. Is ceart ______________ a ghearradh ar dhaoine a dhéanann truailliú.

Aibhneacha — don bhaile is slachtmhaire — bun toitín — fíneáil — guma — Málaí plaisteacha — bruscar — lochanna — saibhir

____

Déan liosta de na rudaí go léir a chruthaíonn fadhb ar an Domhan.

Guma, ____

____

____

CHERNOBYL

Cad a tharla? ____________________

Cathain a tharla sé? ____________________

An líon daoine a maraíodh? ____________________

Éifeacht ar an domhan? ____________________

Tharla tubaiste Chernobyl ar an 25ú Aibreán 1986 san Úcráin. Baile é Chernobyl atá suite ochtó míle ó thuaidh de Kiev, agus bhí ceithre fhreasaitheoir ag an stáisiún núicléach seo. Bhí promhadh ar siúl ar fhreasaitheoir uimhir a ceathair nuair a rinneadh neamhshuim de mhodhanna sábháilteachta. Ag 1.23 ar maidin, chuaigh an t-imoibriú slabhrúil san fhreasaitheoir ó smacht, rud a chruthaigh caor thine agus pléascanna a shéid an clúdach cruach agus coincréite den fhreasaitheoir.

Cuardaigh eolas eile faoi Chernobyl: ____________________

____

____

____

____

____

Éifeachtaí na tubaiste

Dúshlán Duit

- Maraíodh níos mó ná 30 duine láithreach. Ba iad lucht dóiteáin is mó a fuair bás.
- Ceaptar gur scaoileadh amach an gás xeanón go léir a bhí san fhreasaitheoir, chomh maith le leath den íodaín agus den caesium.
- Thuirling an chuid is mó den ábhar a scaoileadh amach mar dheannach agus mar threascarnach sa cheantar máguaird.
- Shéid an ghaoth an t-ábhar ab éadroime trasna na hÚcráine, na Bealarúise, na Rúise, Chríoch Lochlann agus na hEorpa.
- B'éigean 45,000 duine a chónaigh laistigh de dheich gciliméadar ón stáisiún a aslonnú mar gheall ar leibhéal ard radaíochta. I mBealtaine aslonnaíodh 116,000 duine eile a chónaigh laistigh de thríocha ciliméadar ón stáisiún. Cúpla bliain tar éis na tubaiste aistríodh 210,000 duine eile chuig ceantair nach raibh chomh truaillithe.
- Bhí 200,000 duine bainteach leis an nglanadh suas i 1986 agus 1987.
- Meastar go ndeachaigh an radaíocht i bhfeidhm ar mhilliún duine.

TIONSCADAL

Roghnaigh tubaiste timpeallachta agus déan taighde air.
Cuir é i láthair an ranga.

DEIS COMHRÁ

Cad is féidir linn a dhéanamh chun a bheith cinnte nach dtarlóidh a leithéid de thubaiste arís?

An gnáthdhuine

____

____

An rialtas

____

____

An Eoraip

____

____

Ceannairí an domhain

____

____

Grúpaí eile

____

____

Kyoto

Cá bhfuil sé?

Cén fáth a bhfuil cáil air?

Cén aidhm a bhí le Conradh Kyoto?

An bhfuil gach tír páirteach?

An Béar Bán

DúshlánDuit

Bí cinnte go dtuigeann tú na focail seo ar dtús.

An tArtach fireann meánn sé maireachtáil
i mbaol imeacht in éag téamh domhanda todhchaí
ag leá athchruthaigh ag fiach slad rón
blonag neamhúrchóideach suntasach

Is dócha gur fíor a rá gur breá le daoine, go háirithe páistí, An Béar Bán. Is siombail an Artaigh é le fada an lá. Is sna Stáit Aontaithe, i gCeanada, sa Rúis, sa Ghraonlainn agus san Iorua a fhaightear na Béir Bhána faoi láthair. Bíonn an Béar Bán fireann chomh hard le 10 troigh agus meánn sé suas le 1500 punt. Is féidir leis maireachtáil i bhfuacht –45° céim Celsius. Ach an bhfuil a fhios agat go bhfuil an t-ainmhí seo i mbaol imeacht in éag?

Bíodh go ndeir eolaithe go bhfuil idir 20,000 agus 25,000 Béar Bán beo faoi láthair, tá téamh domhanda á gcur i mbaol. Is é an t-athrú san aeráid an bhagairt is mó do thodhchaí an Bhéir Bháin.Tá fianaise láidir ann a chruthaíonn go bhfuil leac oighir an Artaigh ag leá níos luaithe gach bliain agus athchruthaítear é níos déanaí gach bliain, rud a chiallaíonn go bhfuil níos lú ama ag an mBéar Bán chun dul ag fiach ar an leac oighir. Gan dóthain ama ag fiach rónta, caithfidh an Béar Bán maireachtáil níos faide gan bia, gan blonag agus lagaíonn sé sin a chorp. Tagann an bás ar deireadh.

Tá éifeacht thragóideach ag truailliú ar an bplainéad seo agus ar ainmhithe neamhurchóideacha a bhí ar domhan i bhfad roimh an duine daonna. Nuair a fheicimid créatúir chomh suntasach leis an mBéar Bán ag fáil bháis os comhair ár súl, nach bhfuil sé in am "stop" a rá leis an slad gan chiall a dhéanann téamh domhanda?

1. "Is dócha gur fíor a rá gur breá le daoine, go háirithe páistí, an Béar Bán." (Alt 1)
   Tabhair do thuairim féin faoin ráiteas seo.

   ____

   ____

2. Tabhair dhá phíosa eolais a bhaineann leis an mBéar Bán.

   ____

   ____

3. "Tá téamh domhanda á gcur i mbaol". (Alt 2)
   Conas go díreach a chuireann téamh domhanda an Béar Bán i mbaol? Luaigh dhá phointe.

   ____

   ____

4. Is léir go bhfuil meas ag an scríbhneoir ar Bhéir Bhána. (Alt 3)
   Do thuairim faoin ráiteas seo le fianaise ón alt.

   ____

   ____

5. Aimsigh an Bhreischéim ón bpíosa thuas.
   Luath: níos ______________________________
   Déanach: níos ______________________________
   Beag: níos ______________________________
   Fada: níos ______________________________
   Samplaí eile: ______________________________

Dioscó ciúin?

Déarfá b'fhéidir nach bhful aon bhaint ag dioscónna leis an téama atá á phlé againn ach ní bheadh an cheart agat. Baineann torann ó dhioscónna le truailliú timpeallachta chomh maith le torann ó aláraim tí agus féastaí, ó thafann madraí agus ó scaird scíonna. Chonacthas an céad "dioscó ciúin" i scannán ficsean-eolaíochta sa bhliain 1969 nuair a d'úsáid gach duine ag an dioscó cluasáin phearsanta gan sreang chun an ceol a chloisteáil. Muna raibh cluasáin á gcaitheamh ag duine, níor chuala sé aon cheol agus dhealraigh sé don duine sin go raibh an slua ag damhsa gan aon cheol ar siúl! Sna nóchaidí bhí gníomhaithe timpeallachta tugtha don saghas dioscó seo ag féastaí faoin aer, chun truailliú torainn a laghdú agus gan cur isteach ar fhiabheatha sa timpeallacht. Tá cáil le fada ar Fhéile Cheoil Glastonbury. Faigheann lucht a eagraithe ceadúnas don ócaid go léir faoin gcoinníoll go stopfar an ceol ag meánoíche. I 2005 tugadh cluasáin do 3000 duine a d'fhreastail ar dhioscó ciúin ollmhór a lean ar aghaidh i ndiaidh meánoíche gan chur isteach ar éinne sa chomharsanacht.

N'fheadar an mbeadh aon suim sa smaoineamh seo ag lucht eagraithe dioscónna in Éirinn?

Samplaí de thruailliú torainn	
Stair an dioscó chiúin	
Buntáistí an dioscó chiúin	
Baint atá ag Glastonbury leis an scéal	

Suirbhé faoi thruailliú.

1. **Cá gcloiseann tú faoi scéalta móra an domhain?**

   Ar an teilifís ☐ Ar an raidió ☐
   Sna nuachtáin ☐ Eile ☐

2. **Cé mhéad suim atá ag d'aoisghrúpa i scéalta faoi thruailliú?**

   Níl suim acu ☐ Beagán ☐
   An-suim ☐ Eile ☐

3. **An mbaineann truailliú domhanda leatsa?**

   Baineann ☐ Ní bhaineann ☐ Má tharlaíonn sé i mo cheantar ☐ Eile ☐

4. **Cad í an uair dheireanach a chuala tú faoi eachtra a bhain le truailliú?**

   Inné ☐ I rith na seachtaine ☐ An tseachtain seo caite ☐ Eile ☐

5. **Cad leis a bhain an scéal is déanaí a chuala tú?**

   Doirteadh ola ☐ Pléasc ☐ Truailliú uisce ☐ Truailliú aeir ☐ Eile ☐

6. **An bhfuil aon fhíricí ar eolas agat faoi thubaiste thruaillithe a tharla le déanaí?**

   Tá (Cad iad?) ☐ Níl ☐ Ainmnigh an tubaiste ____________________

7. **Doirteadh 32.2 milliún galún d'ola isteach sa timpeallacht dhomhanda (i bhfarraigí agus ar talamh) i 1999. Cuir tic le cibé ráiteas thíos.**

   Tá sé náireach ☐ Figiúr an-ard é sin ☐ Ní chreidim sin ☐
   Déantar a lán truaillithe nach gcloistear faoi ☐

8. **Ar chuala tú riamh scéal an tancaeir, 'Prestige'?**

   Chuala ☐ Níor chuala ☐

TASC DUITSE

Tarraing sa bhosca siombailí difriúla de thruailliú.

PRESTIGE

Dúshlán Duit

Tríocha míle amach ó chósta na Spáinne, ar an 19 Samhain 2002, chuaigh an tancaer ola "Prestige" go tóin poill agus 77,000 tonna ola ar bord. Bád ola Libéarach 26 bliain d'aois ab ea é, é cláraithe sna Bahámaí ach cairtfhostaithe ag comhlacht san Eilvéis. Captaen ón nGréig agus criú ó na hOileáin Fhilipíneacha a bhí air – rud a chiallaigh go raibh sé thar a bheith deacair freagracht as an truailliú a chur i bhfeidhm.

Níorbh í seo an chéad uair a loiteadh an ceantar Spáinneach seo le hola. I 1992, dhoirt an tancaer "Aegean Sea" 30,000 tonna ola taobh amuigh de chaladh La Coruna, a loit 130 míle d' imeallbhord an chósta.

Bíonn éifeacht fhadtéarmach ag doirteadh ola ar an timpeallacht. Laghdaítear an stoc éisc agus líon na n-éan imirce agus cuirtear isteach ar phobail áitiúla a bhraitheann ar iascaireacht agus ar thurasóireacht. Ní féidir a shéanadh ach go ndearnadh a lán damáiste don timpeallacht mar gheall ar bhriseadh "Prestige". Tá cáil ar an gceantar seo sa Spáinn as iasc sliogánach, ochtapas agus portáin ach anois tá na tránna dubh le hola agus na báid iascaireachta díomhaoin.

Tógadh 92 éan a bhí clúdaithe in ola chuig tearmann éan in aice La Coruna. Nuair a chlúdaítear clúmh na n-éan le hola, ní féidir leo teocht a choimeád ina gcorp agus cailltear iad leis an bhfuacht. Cailltear a lán iasc nuair a thógann siad isteach ola i mbia nó in uisce truaillithe. Go minic faigheann éin bás d'anaemacht a bhuaileann iad tar éis don ola iad a chlúdach. Dúirt oifigigh ón bhFrainc go raibh éin clúdaithe in ola ag teacht i dtír ar chósta iar-dheisceart na Fraince coicís i ndiaidh an doirte.

Ghlac 500 oibrí páirt san obair ghlantacháin chun ola a bhaint de 400 ciliméadar d'imeallbhord chósta na Spáinne. Faoi láthair, tá an tancaer 3.6 ciliméadar faoin bhfarraige agus 210 ciliméadar amach ó chósta na Spáinne. Tá coiste monatóireachta eolaíochta den tuairim go leanfaidh an Prestige "ag sileadh ola go ceann ceithre bliana."

1. Cén sort báid ab ea an "Prestige"? Is leor dhá phointe.

2. "Bhí sé thar a bheith deacair freagracht as an truailliú a chur i bhfeidhm" Mínigh.

3. Cén fáth a luaitear an "Aegean Sea"?

4. Luaigh dhá éifeacht a bhíonn ag doirteadh ola.

5. Cé na héisc atá coitianta sa chuid seo den Spáinn?

6. Conas a chuir tubaiste an Prestige isteach ar éin?

7. Cad a rinne na hoibrithe?

8. An dóigh leat go bhfuil deireadh leis an tubaiste anois? Mínigh.

DEIS COMHRÁ

An damáiste a dhéantar de dheasca doirte ola.

SCRÍOBH ALT

"Tá sé de dhualgas orainn go léir aire a thabhairt don timpeallacht."

Féach ar an bplean thíos.

Cluastuiscint Aonad 5

Cloisfear gach píosa faoi dhó

5.1 Ceisteanna comónta — Rian 14

1. Cé uaidh an fógra seo? ____________________
2. Cá fhad atá an comórtas seo ar siúl? ____________________
3. Luaigh comórtas amháin a eagraíonn siad. ____________________
4. Ainmnigh an suíomh Idirlín. ____________________
5. Cén bhaint atá ag Tomás leis an bhfógra? ____________________

5.2 Gnáthleibhéal — Rian 15

1. Cén grúpa timpeallachta a luann Liam? ____________________
2. Conas a chabhróidh gach dalta? ____________________
3. Cé na múinteoirí a chabhróidh le rang Liam?

   (a) ____________________

   (b) ____________________
4. Cad a bheidh acu ag deireadh an lae? ____________________

5.2 Ardleibhéal

1. Cad a phléigh Liam leis an bpríomhoide? ______________________

2. Cé atá ar an gcoiste? ______________________

3. Breac síos dhá thoradh a bheidh le feiceáil sa scoil dar le Liam.

   (a) ______________________

   (b) ______________________

4. Cén fáth a mbeidh an coiste "ar muin na muice"? ______________________

   ____

5.3 Gnáthleibhéal

Rian 16

1. Cén áit ar tharla an tubaiste? ______________________

2. Cad a rinne an Garda Cósta? ______________________

3. Cad a maraíodh sa tubaiste? ______________________

5.3 Ardleibhéal

1. Cad go díreach a tharla ar an 23 Iúil? ______________________

2. Cén bhaint a bhí ag Cuan New Orleans leis an scéal? ______________________

   ____

3. Conas a chuir an tubaiste isteach ar an timpeallacht? ______________________

   ____

6 AN GRÁ

Féach ar na pictiúir agus abair cúpla rud faoi gach ceann.

Deis comhrá

Cén fáth a bpósann lánúin?

Cén fad a bhíonn lánúin ag siúl amach le chéile sula bpósann siad?

An é an fear nó an í bhean is mó a chuireann an cheist?

Conas a cheiliúrtar gealltanas pósta?

Cén fad a leanann an gealltanas?

Conas a cheiliúrtar pósadh?

An gcosnaíonn bainis mórán airgid?

An bhfuair tú riamh cuireadh chuig bainis? Cé uaidh/uaithi? Inis faoi.

Más fearr sinn, más measa, más saibhir nó más bocht...

Lá mór is ea lá bainise do gach lánúin. Cinneann beirt a saol a chaitheamh le chéile agus éilíonn sé seo comhréiteach ón mbeirt. Is i séipéal a phósann formhór mhuintir na hÉireann agus téann an lánúin agus a n-aíonna ar aghaidh go dtí óstán ina dhiaidh sin chun leanúint leis an gceiliúradh.

Bíonn an-chuid ullmhúcháin le déanamh don "lá mór" más pósadh traidisiúnta atá ag teastáil. Go minic cuirtear an t-óstán in áirithe roimh an séipéal os rud é go mbíonn foláireamh bliana ag teastáil i gcás na n-óstán is mó tóir. Má roghnaíonn an lánúin pósadh i séipéal i bparóiste nach mbaineann leo, bíonn costas breise i gceist chun a leithéid a dhéanamh. Lá an-chostasach is ea lá na bainise go háirithe má theastaíonn ón lánúin carr speisialta a thógáil ar cíos, ceoltóirí, grianghrafadóir agus fear físteipe a bheith acu, gan trácht ar bhláthanna, císte, mí na meala agus mar sin de. Ní aon ionadh go seachnaíonn lánúin áirithe an nósmhaireacht seo go léir agus go roghnaíonn siad dul go dtí an Róimh nó na Séiséil le pósadh.

Déanann an-chuid comhlachtaí lear mór airgid as seirbhísí a chur ar fáil do lánúin atá ag pósadh. Bíonn carranna ardnósacha, mar shampla Mercedes Benz agus limisín, ar fáil don turas go dtí an séipéal agus chuig an óstán nó fiú capaill agus carráiste! Iompórtálann lánúin áirithe bláthanna ón teochrios don lá agus is mó lánúin a mbíonn taispeántas tinte ealaíne acu ag uair an mheán oíche! Níl aon teorainn leis na rudaí is féidir a dhéanamh chun an lá a cheiliúradh. Is san aer a phós lánúin amháin i Sasana, ceangailte den taobh amuigh d'eitleáin agus creid nó ná creid, fuair siad biocáire a bhí sásta dul in airde ar an tríú heitleán chun na móideanna a chloisteáil!

1. Cad é an gnáthrud a dhéantar in Éirinn chun pósadh a cheiliúradh?
2. Cén deacracht a bhaineann le hóstán a fháil?
3. Tabhair trí shampla de rudaí a dhéanann lá bainise costasach.
4. Cén rogha eile a luaitear seachas bainis thraidisiúnta?
5. Conas a dhéanann comhlachtaí airgead as bainiseacha?
6. Cén sampla de phósadh uathúil a thugtar?

Ar mhaith leatsa pósadh lá éigin?

____

An dóigh leat go mbeidh pósadh traidisiúnta agat?

____

____

DEIS COMHRÁ

Grá – cad a chiallaíonn sé i ndáiríre?
An aois "ceart" le dul ag pósadh – an bhfuil a leithéid ann?
Ullmhúchán don phósadh – cad a dhéantar?
Mí na meala – saoire eile?
Ról an chreidimh i bpósadh
Do rogha páirtí – cén sórt duine a phósfá?

Cad é do rogha?

Líon isteach freagraí duit féin agus ansin ceistigh do pháirtí.

Bainis mhór nó bainis bheag? ______________________________

Carr nó carráiste le capaill? ______________________________

Ceol orgáin sa séipéal nó amhránaí? ______________________________

Pósadh eaglasta nó pósadh i gclárlann? ______________________________

Ceol beo tar éis béile nó dioscó? ______________________________

AN SAOL MAR A BHÍ

Sa lá atá inniu ann, bíonn aithne mhaith ag an lánúin ar a chéile sula gcinneann siad ar phósadh. Caitheann siad am i gcomhluadar a chéile, ag dul amach go dtí an phictiúrlann nó clubanna oíche nó ag glacadh páirte i gcineálacha éagsúla caitheamh aimsire.

Ní mar sin a bhí fadó. Sa dírbheathaisnéis cháiliúil "Peig" scríobhann an t-údar píosa faoina gealltanas. Seo sliocht as an leabhar:

XIV.—Cleamhnas is Pósadh

Litir Cháit Jim. Mar a deineadh cleamhnas dom. Bainis is tórramh in éineacht. Mo chéad turas farraige. An tOileán is an dara bainis.

Chomh luath is bhí an Nollaig imithe bhailíos chugam mo chip is mo mheanaithí is d'fhágas slán acu, is, chun na fírinne a insint, ní mór an cathú a bhí orm mar, creid mé leis, nach raibh puinn den arán saor agam a fhad a bhíos sa tigh úd.

Sea, bhíos ag baile arís, agus mo chroí ar sciopaigh ag feitheamh le litir eile ó Cháit. Ach mo chreach is mo chás! nuair a fuaireas í bhain sí geit asam, mar dúirt sí liom sa litir sin nárbh fhéidir léi an costas a chur chugam i láthair na huaire sin, mar go raibh a lámh gortaithe is nárbh fhéidir léi aon obair a dhéanamh, is dá bhrí sin nach raibh aon leigheas aici orm.

Thit an lug ar an lag agam, ach ní raibh le déanamh agam ach an ceann ab fhearr den scéal a ghlacadh. Níor thugas fios ná eolas d'aon duine. Níor ligeas orm ná gurbh é an scéal ab fhearr ar domhan é.

Lá Sathairn i dtosach na hInide bhí Seán sa Daingean, is tar éis teacht abhaile, dúirt sé liom go raibh scéal nua aige.

'Cad é an scéal é?' arsa mise.

'Scéala cleamhnais, a chailín!' ar seisean.

'A Dhia na bhFeart ! cé hé an fear?' arsa mise.

'Fear ón Oileán,' ar seisean. 'buachaill mín macánta, agus fear maith, leis. Tá súil agam go ndéanfaidh tú rud orm. Beidh siad ag teacht chugainn oíche éigin.'

Is amhlaidh mar bhí an scéal agamsa maidir le mo dheartháir, Seán, san am sin, dá ndéarfadh sé liom dul ag taoscadh na farraige dhéanfainn rud air. Ní raibh duine eile ar an saol seo san am sin ba mheasa liomsa ná Seán.

Trí oíche ina dhiaidh sin bhuail triúr fear an doras isteach. Fáiltíodh rompu gan dabht. Ní raibh aon fhios ag m'athair iad a bheith ag teacht ach bhí fhios aige go maith cad a thug iad ansin. I gceann tamaillín tharraing duine acu píobaire buidéil as a phóca. Lean píobaire agus píobaire eile é sa tslí go raibh a ndóthain go maith ólta acu, agus gan aon cheal cainte orainn. Ní raibh focal asam féin ach mé ag gliúcaíocht fé m'fhabhraí ar na fir óga. Bhí sé ag teip orm a dhéanamh amach cé acu den triúr a bhí do mo lorg féin, mar ní raibh aithne agam ar aon duine acu. Níorbh fhéidir liom rogha ná díogh a bhaint astu. Bhí gach aon duine acu ró-mhaith d'fhear domsa dá mbeinn seacht n-uaire níos fearr ná mar bhíos.

Níor mhór an mhoill an cleamhnas úd a dhéanamh, faraoir! Ní raibh aon ní ann ach 'Téanam' agus 'Táim sásta.' Tháinig m'athair chugam anall.

'Tóg suas do cheann!' ar seisean. 'An raghaidh tú don Oileán?'

Dheineas machnamh, mar bhí mo rogha de dhá chrann ar mo bhois agam, is é sin pósadh nó dul in aimsir arís. Bhíos cortha go maith ag an aimsir chéanna, is smaoiníos gurbh fhearr dom fear cúil agus garda cosanta, agus tigh, a bheith agam féin go mbeadh neart agam suí i bhfeighil mo shuaimhnis nuair a bheinn cortha.

Labhair m'athair arís.

'Cad tá le rá agat?' ar seisean.

'Níl aithne ná eolas agam ar mhuintir an Oileáin,' arsa mise, 'ach tá aithne agus eolas maith agatsa orthu, agus an rud is maith leatsa is é is maith liomsa. Raghad pé áit a déarfaidh tú liom.'

'Dia leat!' ar seisean.

Bhí an margadh déanta is bhíos-sa agus Pádraig Ó Guithín le pósadh i gceann cúpla lá. Dé Sathairn an lá spriocáilte. Ní raibh gluaisteáin ná cóistí san am sin ann murab ionann is anois. Nuair a bhíomar ullamh an mhaidin sin ghabh Seán an capall is chuaigh scata againn isteach sa chairt. Nuair a shroicheamar an Buailtín, bhí dath dubh ar an áit le daoine. Bhí seacht bpósadh ann an lá sin, is ba mhór an t-uafás an méid daoine a bhí ann. Nuair a fhágamar an Séipéal bhí ciarláil agus dul-trí-chéile ann, ceol agus rince ag na daoine óga, amhráin agus ól ag na daoine aosta. Bhí tamall maith den lá caite acu ar an gcuma sin. Bhí sé in am ag gach aon duine bheith ag baint an tí amach nuair a tháinig Seán ag glaoch orm féin. D'imíos féin is a thuilleadh cailíní lena chois abhaile. B'é nós na haimsire sin, gach duine a bheadh ar an bpósadh a theacht go dtí tigh na bainise. Bhíodh fear ag teacht ó am go ham go dtí go mbímis go léir bailithe ar ócáid phósta. Ansin thosnaíodh an rí-rá.

Ach nuair a thángamar-na abhaile, ní raibh aon scéal fónta romhainn, mar bhí coránach iníne le mo dheartháir, Seán, le béal an bháis. Ní raibh aon choinne againn leis an scéal sin, mar is amhlaidh a tháinig taom obann uirthi, agus fuair sí bás an oíche chéanna.

Fé mar a bhíodh fear ag teacht shuíodh sé go ciúin gan gíog as. Is mór go léir an bháúlacht a bhí ag mo dheartháirse le muintir an Oileáin riamh ina dhiaidh sin — a fheabhas mar a dheineadar comhbhrón leis an oíche úd. Bhí bainis agus tórramh in éineacht againn. Sin é mar d'imigh ar mo bhainis bhochtsa!

Dé Máirt a bhí chugainn is ea bheartaíodar ar dhul abhaile. Ghabh Seán an capall, is buaileadh isteach inti dhá bhairille de lionn dubh is crúsca uisce-beatha is a thuilleadh gréithe d'fhan gan chaitheamh toisc bháis an linbh. Ansin bhogamar linn síos chun Barr na hAille. Bhí mo dheirfiúr Máire le mo chois, agus Cáit, bean mo dhearthár.

Nuair a shroicheamar an caladh, buaileadh ar snámh ceithre naomhóg. Cuireadh na bairillí agus na gréithe eile i gceann acu. Bhí ceathrar fear i ngach naomhóg. Shuíos féin isteach i ndeireadh na naomhóige a raibh m'fhear céile inti. B'é sin an chéad uair riamh ar an bhfarraige agamsa. Is mé a bhí go scanraithe.

Bhí an tráthnóna go hálainn is an fharraige go ciúin, is iad ag bosaíl leo isteach nó gur shroicheamar caladh an Oileáin. Bhí oiread ionadh ormsa an tráthnóna úd, is dá mba ag dul go cathair Londain isteach a bheinn.

Nuair a dhruideamar isteach, bhí dath dubh ar an áit ag daoine, beag agus mór, ag fáiltiú romhainn. Dheineas mo shlí tríothu chomh maith is ab fhéidir liom.

Bhíos ag cuimhneamh conas a chuirfinn suas lena leithéid de bhaile, gan gaol gan cairde in aice liom. Ní raibh aithne agam ar aon duine acu a bhí ag croitheadh lámh liom. 'N'fheadar,' a deirim liom féin, 'an dtiocfaidh an lá go deo go ligfead mo chroí leo, nó an ndéanfaidh mé chomh dána ina measc is dhéanfainn i measc muintir Bhaile Bhiocáire? Ó, ní bheidh siad go deo, dar liom, chomh deas le muintir Bhaile Bhiocáire! Mo shlán beo chugat, a Cháit Jim! Nach leat a bhí an t-ádh! Beidh lán do chos den talamh míntíreach agat, pé scéal é. Ní mar sin domsa! Is uaigneach atáim anseo ar oileán mara, gan le cloisint feasta agam ach glór na dtonnta á radadh féin ar ghaineamh na trá! Ach tá aon sólás amháin agam — fear breá dathúil, agus fé mar a thuigim ón gcogar mogar seo ar siúl, ní mise an chéad bhean a bhí ag caitheamh na spor air. Ach is agamsa atá sé anois, agus nára maith acu sin déanamh á cheal! Tá cairde mo dhóthain ar an Oileán seo agam a fhad a fhágfaidh Dia agam é. Nach breá pearsanta an chuma atá air! agus an t-eolas atá aige ar ghnóthaí farraige! Ba dhóigh liom nach mbeadh aon bhaol báite go deo orm a fhad a bheadh sé in aon bhád liom.'

1. Cén fáth a raibh Peig sásta imeacht tar éis na Nollag?
2. Cén drochscéal a bhí ag Cáit di?
3. Cén t-eolas a thug Seán, deartháir Pheig, di tar éis dó filleadh ón Daingean?
4. Cén fhianaise atá ann gur réitigh Peig le Seán?
5. Déan cur síos ar cad a tharla nuair a tháinig na fir isteach.
6. Cad a bhí ag rith trí cheann Pheig?
7. Cén fad a bhí aici idir an cleamhnas agus an pósadh?
8. Conas a thaistil Peig go dtí an séipéal?
9. Cén ceiliúradh a rinneadh tar éis an phósta?
10. Cén tragóid a tharla lá na bainise?
11. Cad a tugadh leo sna naomhóga?
12. An raibh Peig buartha agus í ag dul isteach ar an mBlascaod? Mínigh.
13. Cén moladh atá ag Peig dá fear chéile?
14. Cad iad na difríochtaí idir pósadh Pheig agus pósadh an lae inniu?

TABHAIR BUILLE FAOI THUAIRIM

Clúdaigh na praghsanna a thugtar thíos ar bhainis Éireannach a tharla sa bhliain 2008. Cuir isteach an costas a cheapfá a bheadh i gceist inniu agus déan comparáid!

An Bhrídeog

Gúna	2500	
Caille bhrídeoige	600	
Bróga	200	
Gruagaire	50	
Maise aghaidhe	40	
Ingne	20	
Gúnaí do bheirt cailíní coimhdeachta	400	
Gúna do chailín bláthanna amháin	150	

An Fear

Culaith ar cíos	150	
Bróga	80	
Léine	50	
Cultacha do bheirt fhear tionlacain	150	
Fáinne gealltanais	4000	

Fáinní pósta	700	
Carr don lá	800	
Bláthanna don séipéal	600	
Císte	800	
Dinnéar in óstán do 100	4500	
Banna ceoil	2000	
Ceoltóir sa séipéal	600	
Grianghrafadóir	1000	
Fear fístéipe	1000	
Cuirí do 100	300	
Leabhrán bainise	150	
Mí na Meala	5000	

IOMLÁN **€25,840**

DEIS COMHRÁ

Cad é do thuairim faoi chostas bainise?

GRÁ SAN AER?

Nuair a shiúil Saoirse isteach sa rang ________________,
ní raibh ann ach na buachaillí. D'fhéach sí timpeall ach ní fhaca sí a cara in aon áit. B'iad Saoirse agus Niamh na ________________ sa rang agus shuigh siad i gcónaí le chéile. "Cad a dhéanfaidh mé anois?" arsa Saoirse léi féin.

Chuaigh sí go dtín a deasc féin agus thóg sí an ________________ as a mála. Bhí sí míchompordach gan Niamh. Tar éis tamaill tháinig an tUasal ________________ isteach sa rang agus d'iarr sé ar na daltaí suí in aice lena bpairtnéirí oibre. Bhí Saoirse i bponc anois. Bhog na buachaillí eile timpeall agus fágadh Saoirse agus ________________ amháin eile gan phairtnéir. Cillian a bhí ann. Buachaill ciúin dathúil agus ________________ ab ea é. Bhí sé tugtha faoi ndeara aici cheana ach níor labhair siad le chéile riamh. "Maith go leor, a Chilliain" arsa an múinteoir, "suigh ansin in aice le Saoirse agus ________________ ag obair". Níor tugadh an dara rogha dó.

Ba bhreá le Saoirse dá slogfadh an talamh í. Dhearg sí san aghaidh agus bhris fuar ________________ amach tríthi. Ní raibh a fhios aici gur mhothaigh Cillian an tslí céanna ach níor lig sé tada air. Chomh calma agus a d'fhéadfadh sé shuigh sé síos in aice le Saoirse ag rá " ________________ " go cúthaileach. Gheal croí Shaoirse nuair a chonaic sí a mhiongháire álainn agus bhí a fhios aici láithreach go mbeadh gach rud ceart go leor...

1. **Líon na bearnaí le focail ón liosta.**

béasach	tosóimid	allas	Ó Néill	
adhmadóireachta	haigh	téacs	buachaill	cailíní

2. **Conas a chríochnaigh an rang adhmadóireachta? Scríobh an deireadh.**

____

____

____

____

GRÁ AGUS PÓSADH – IS IOMAÍ SLÍ

"You can't hurry love" – ba shin a scríobhadh fadó san amhrán cáiliúil a chan Phil Collins. Ní i gcónaí áfach atá sé fíor mar timpeall na cruinne bíonn tuismitheoirí agus eagraíochtaí éagsúla ag "cabhrú" le daoine titim i ngrá nó pósadh. Sin mar a bhí sé tráth in Éirinn nuair a bhí ról tábhachtach ag an mbasadóir sa tsochaí.

Má cheapann tú go bhfuil an nós seo imithe as faisean, smaoinigh go bhfuil cláir theilifíse ann fós a dhéanann iarracht lánúineacha a nascadh le chéile.

Láithreoir cáiliúil ab ea Cilla Black ón gclár "Blind Date". Trí cheisteanna a chur ar mhná óga atá go léir i bhfolach taobh thiar de scáileán, éiríonn le fear na hoíche cailín a roghnú dó féin. Ar aghaidh leis an lánúin ansin ar saoire nó ar dheireadh seachtaine rómánsúil ach insíonn an ceamara teilifíse an fhírinne faoi conas a d'éirigh leis an gcaidreamh.

Tá craic le baint as an téama céanna ar "Cleamhnas" ar TG4. Sna cásanna anseo áfach, is máthair nó deirfiúr nó cara a roghnaíonn an páirtí oiriúnach!

Fibíní Cleamhnais*

Ar chuala tú riamh faoi Yaacor Deyo? Raibí ab ea Deyo a bhí ag obair le Giúdaigh óga. Theastaigh ó Deyo seans a thabhairt do Ghiúdaigh óga bualadh le Giúdaigh eile agus seans pósta a chur ar fáil dóibh. Ba é Deyo mar sin an chéad fhear a smaoinigh ar fhibíní cleamhnais.

Téann an córas seo siar go dtí Beverly Hills i 1998, áit a raibh an chéad coinne i gCaifé Pete. Diaidh ar ndiaidh d'éirigh an nós níos coitianta go háirithe tar éis bheith sa chlár teilifíse "Sex and the City".

Faoi mar is eol duit, buaileann daoine le chéile ag ócáid cleamhnais agus bíonn deis comhrá acu le duine nua gach 3 nóiméad. Buailtear clog nuair a bhíonn an t-am istigh agus ar aghaidh leis na fir go dtí bord eile chun bualadh le bean nua. Má bhíonn suim ag duine amháin i nduine eile cuireann sé/sí tic ar liosta ainmneacha atá acu agus cúpla lá ina dhiaidh sin, cuirtear ar aghaidh na sonraí teagmhála. Is fúthu féin atá sé ag an bpointe sin!

* Speed-dating

Deis Comhrá

Cad é do thuairim faoi fhibíní cleamhnais?

An mbeifeá sásta dá roghnódh duine eile do chéile ar do shon?

LÍON AN GHREILLE

Leabhair a bhaineann le grá
Údair a scríobhann faoi ghrá
Filí a scríobhann faoi ghrá
Scannáin ghrá
Amhráin ghrá
Lánúineacha atá i ngrá

Cé na siombailí a úsáidtear chun grá a chur in iúl?

Smaoinigh ar chártaí bainise agus cuirí atá feicthe agat.

Tarraing pictiúir agus /nó scríobh na focail.

LÁ FHÉILE VAILINTÍN

1. Cén dáta ar a mbíonn Lá Fhéile Vailintín?
   An bhfuil aon chúis leis seo?
2. Conas a cheiliúrann lánúineacha an fhéile?
3. An ndéanann páistí aon cheiliúradh ar an lá?
4. Cad a bhíonn le feiceáil sna siopaí seachas bláthanna?
5. Cé na bláthanna is mó a cheannaítear? Cén fáth?
6. Cén praghas atá ar earraí Vailintín i mbliana?
7. Cén fáth a gceiliúrann daoine an fhéile seo?
8. An ndéanann daoine brabús as an bhféile?
9. An gceapann tú gur maith an rud é Lá Fhéile Vailintín?
10. Conas a chaithfeá Lá Fhéile Vailintín idéalach?
11. Cé acu is rómánsúla – fir nó mná? Cá bhfios duit?
12. Cad é an rud is fearr faoi Lá Fhéile Vailintín?
13. An bhfuil aon mhíbhuntáistí ag baint leis do dhaoine áirithe?
14. Cad é an scéal is fearr atá agat faoi Lá Fhéile Vailintín?
15. Cén aois ag a dtosaíonn daoine ag seoladh cártaí Vailintín?

Creid nó ná creid, bhí beirt Naomh Vailintín ann! Sagart agus dochtúir ab ea Vailintín amháin. Easpag ab ea an Vailintín eile as Terni atá 60 míle ón Róimh. N'fheadar cad é an bhaint a bhí acu le grá ach tá sé cinnte gur dícheannadh an bheirt acu sa Róimh idir 268 A.D. agus 270 A.D.

Ba nós le muintir na Róimhe féile darbh ainm "Lupercalia" a cheiliúradh ar an 15 Feabhra. Mar chuid den fhéile seo roghnaíodh buachaillí agus cailíní mar lánúineacha cúirtéireachta ar feadh bliana.

Dar le traidisiún meánaoiseach, cúplálann éin ar an 14 Feabhra agus mar sin ceaptar gur roghnaíodh an dáta seo chun meas a thaispeáint ar leannáin.

TIONSCADAL

Dear cárta Vailintín!

Gráim thú!

Mo ghrá go deo thú!

XOXO

Gráim thú

Mo ghrá go deo thú

Is tusa mo stór!

Tá grá agam duit!

Is tusa mo stór!

Bí i mo Vailintín!

Le mór-ghrá ar an lá speisialta seo!

BEAN CHÉILE AMHÁIN?

Fear cáiliúil is ea Anraí VIII. Tá a fhios ag an saol is a mháthair gur pósadh é sé huaire!

I 1509 phós Anraí Catherine as Aragon. Bhí deartháir Anraí pósta le Catherine roimhe seo. Sa bhliain 1533, phós sé Anne Boleyn ach i 1536 dícheannadh í mar gheall ar adhaltranas. Deich lá i ndiaidh a báis, phós sé Jane Seymour! Fuair Jane bás nádúrtha bliain níos déanaí agus faoi 1540, sea, bhí Anraí pósta arís!

Ba é Cromwell a mhol d'Anraí Anne as Cleves a phósadh ansin. Níor mhair an pósadh sin ach sé mhí.

Scar sé uaithi an lá céanna is a baineadh an ceann de Cromwell!

Ba í Catherine Howard an cúigiú bean a phós Anraí agus Catherine Parr a bhean dheireanach.

Cén sórt duine ab ea Anraí, i do thuairim?

FÍOR NÓ BRÉAGACH

Léigh arís na píosaí "Grá agus pósadh – Is iomaí slí" agus "Lá 'le Vailintín" agus "Bean chéile amháin".

Cosnaíonn dhá rós déag níos mó ná 100 euro. ______________________________

Níor mhair Naomh Vailintín riamh. ______________________________

Cúplálann gach éan ar an 14 Feabhra. ______________________________

Bhí Anraí VIII i ngrá go minic. ______________________________

Téann lánúineacha ar mhí na meala roimh phósadh. ______________________________

Pósann lánúineacha áirithe ar thránna. ______________________________

Tá an clár "Cleamhnas " agus "Blind Date" cosúil lena chéile. ______________________________

Malartaítear fáinní de ghnáth ag pósadh. ______________________________

Is é Cupid dia Rómhánach an ghrá. ______________________________

I gcultúir éagsúla, roghnaíonn tuismitheoirí na páirtithe. ______________________________

TIONSCADAL

Déan taighde ar lánúin cháiliúil agus cuir os comhair an ranga é.

GALAR AN GHRÁ!

Scríobh isteach na mothúcháin a bheadh agat sna cásanna seo a leanas:

Buachaillí

Feiceann tú cailín dathúil ag dul thart agus sméideann sí ort. ____________________

Iarrann cailín álainn ort dul amach ag rince léi ag dioscó. ____________________

Geallann do chailín go nglaofaidh sí ort ach ní ghlaonn. ____________________

Tugann tú do chailín faoi deara sna trithí gáire le grúpa buachaillí. ____________________

Tá tú féin agus do chailín le chéile i mbialann ach níl sí ag éisteacht leat. ____________________

Bíonn do chailín i gcónaí ag caint faoi na buachaillí eile ina scoil. ____________________

Cailíní

Feiceann tú buachaill dathúil ag dul thart agus sméideann sé ort. ______________________

Feiceann tú dosaen rósanna dearga sa bhaile Lá 'le Vailintín – do do dheirfiúr! ______________________

Déanann do bhuachaill dearmad ar do bhreithlá. ______________________

Deir do bhuachaill go bhfuil sé ag iarraidh briseadh suas leat. ______________________

Ní stopann do bhuachaill ag caint faoi chúrsaí spóirt. ______________________

Ní thugann do bhuachaill do stíl nua gruaige faoi deara. ______________________

DÍMHEAS	DÍOMÁ	FUATH	ÉAD	GRÁ
CION	FEARG	FRUSTRACHAS	MÍFHOIGHNE	MEAS
SCEITIMÍNÍ	ÁTHAS	BRÓD	GLIONDAR	

CEOL AGUS GRÁ

Tabhair isteach an t-amhrán grá is fearr leat.
Éist leis sa rang agus freagair na ceisteanna seo.

1. Cad é teideal an amhráin? ______________________

____

2. Cé a chanann é? ______________________

____

3. Cé a scríobh na liricí? ______________________

4. Cé na huirlisí a chloiseann tú? ______________________

5. Cén fáth a dtaitníonn an t-amhrán áirithe seo leat? ______________________

____

____

____

6. Cad atá á rá ag an amhránaí? ______________________

____

7. Cad iad na mothúcháin atá ann? ______________________

8. Cé na mothúcháin a mhúsclaíonn an t-amhrán seo ionat? ______________________

____

9. An bhfuil éinne croíbhriste san amhrán? ______________________

10. Cén saghas ócáide ar a mbeadh an t-amhrán seo oiriúnach? ______________________

____

Rónán Ó Gadhra- fear céile agus athair

Imreoir rugbaí den chéad scoth atá i Rónán Ó Gadhra agus tá aird mhuintir na hÉireann air le cúpla bliain anuas. Bíodh go bhfuil cónaí anois air i gCorcaigh, rugadh é i San Diego ar an 7 Márta 1977. D'fhreastail sé ar Ollscoil Chorcaí, áit ar bhain sé amach céim BA agus céim Mháistir in Eacnamaíocht Ghnó.

Is i séipéal Honan san Ollscoil chéanna a phós sé a ghrá Jessica Daly, múinteoir bunscoile, in Iúil 2006. Bhí siad ag siúl amach lena chéile le deich mbliana. I measc na 300 aoi a ghlac le cuireadh go dtí an pósadh bhí laochra móra eile rugbaí, Peter Stringer, Paul O'Connell agus Brian O'Driscoll. Ceiliúradh an bhainis in Óstán Sheraton taobh amuigh de chathair Chorcaí agus chaith an lánuin mí na meala sna hOileáin Iar-Indiacha.

Dhá bhliain níos déanaí i nDeireadh Fómhair 2008 rugadh cúpla do Ronan agus Jessica. Molly agus Rory a tugadh orthu. Tá Ronan gnóthach ag traenáil agus ag imirt do Chúige Mumhan agus Éire i gcónaí agus ag tarraingt aird an domhain ar chúrsaí rugbaí in Éirinn. Nár laga Dia thú a Rónáin!

Daoine atá luaite sa phíosa	
Áiteanna atá luaite sa phíosa	
Pointí faoin bpósadh	

DRÁMAÍ RANGA

1. Glac róil i bpósadh bréige - mar shampla, an bhrídeog, an fear, an cailín coimhdeachta, an finné fir agus an sagart.

NÓ

2. Glac páirt an fhir nó na mná nuaphósta ag tabhairt óráide tar éis an bhéile.

NÓ

3. Glac róil mar aíonna sa séipéal ag comhrá faoi phósadh atá ar siúl.

SCRÍOBH ALT

An grá – beannacht nó mallacht?

LÚBRA

Aimsigh focail a bhaineann le pósadh.

a	f	í	o	n	p	c	á	c	a
s	b	l	á	t	h	a	n	n	a
c	á	r	t	a	a	r	b	f	c
o	c	g	d	o	t	r	u	a	e
s	é	i	p	é	a	l	l	r	i
t	f	l	d	g	s	c	e	o	l
a	m	b	r	b	a	n	n	a	i
s	d	a	m	h	s	a	b	p	ú
f	í	s	t	é	i	p	e	ó	r
f	e	a	r	g	ú	n	a	s	a
m	g	h	í	r	á	s	n	a	d
r	ó	s	t	á	n	p	ó	g	h
b	r	o	n	n	t	a	n	a	s

___

___

___

___

___

Cluastuiscint Aonad 6

Cloisfear gach píosa faoi dhó

6.1 Ceisteanna Comónta — Rian 17

1. Ainmnigh dhá scannán a rinne Michael Douglas.

   (a) ______________________________

   (b) ______________________________

2. Cár bhuail Michael le Catherine Zeta Jones? ______________________________

3. Cén bhaint atá ag Sasana, Maisearca agus Ceanada leis an scéal? ______________________________

   ____

4. Cén dáta breithe atá ag Michael agus Catherine? ______________________________

   ____

6.2 Gnáthleibhéal — Rian 18

1. Cén dáta atá ann? ______________________________

2. Cad a fuair Aisling ar maidin? ______________________________

3. Breac síos dhá phointe faoin rud a fuair Niamh.

   (a) ______________________________

   (b) ______________________________

6.2 Ardleibhéal

1. Cén fhéile atá ann? ______________________________

2. Cad a cheapann Niamh faoin bhféile sin? ______________________________

3. Cad atá go hiontach, dar le hAisling? ____________________

____

4. "Níl ciall ar bith aige". Breac síos dhá fháth a dúirt Niamh é sin.

(a) ____________________

(b) ____________________

5. An bhfuair Niamh aon rud an lá sin? (Dhá phointe)

(a) ____________________

(b) ____________________

6.3 Gnáthleibhéal

Rian 19

1. Cad a rinne Séarlas? ____________________

2. Ainmnigh trí bhronntanas a thugann daoine ar Lá 'le Vailintín.

(a) ____________________

(b) ____________________

(c) ____________________

3. Cad a bhí ar siúl in Tel Aviv? ____________________

6.3 Ardleibhéal

1. Breac síos dhá phointe eolais faoi Shéarlas.

(a) ____________________

(b) ____________________

2. Cén bhaint atá ag peataí leis an scéal? ____________________

3. Cén éifeacht a bhí ag Lá 'le Vailintín ar eacnamaíocht Mheiriceá? ____________________

____

7 FADHBANNA ÁR LINNE

LÍON AN GHREILLE

Daoine a chaitheann drugaí	
Áiteanna coitianta ina gcaitear drugaí	
Ócáidí a bhíonn i gceist	
Cúiseanna le drugaí a chaitheamh	
Sórt drugaí a bhfuil cloiste agat fúthu	
Costas a bhaineann le caitheamh drugaí	
Eagraíochtaí a chabhraíonn le handúiligh	
Buntáistí le drugaí	
Míbhuntáistí le drugaí	

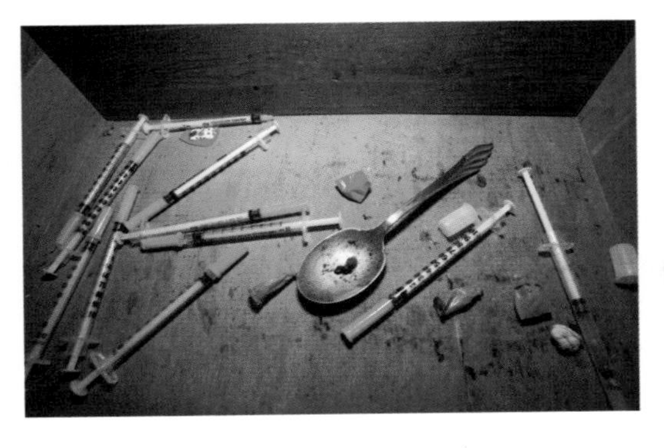

CAD IS DRUGA ANN?

Is é atá i gceist le druga ná aon cheimiceáin a athraíonn

(i) an tslí a n-oibríonn an corp
(ii) an tslí a mothaíonn duine
(iii) an tslí a n-iompraíonn duine é/í féin.

Ar ndóigh tá contúirt ag baint le caitheamh drugaí mídhleathacha cosúil le hearóin, cócaon agus cannabas ach tá contúirt freisin ag baint le mí-úsáid alcóil agus tobac, cé gur drugaí dleathacha iad.

Bíonn mí-úsáid druga i gceist nuair a chuirtear leas an duine a chaitheann an druga nó leas daoine eile i mbaol. D'fhéadfadh leas fisiceach, leas meabhrach agus/nó leas sóisialta a bheith i gceist.

ÁR LEAS NÓ ÁR nAIMHLEAS?

Nuair a cheistítear daoine óga faoi dhrugaí, bíonn go leor le rá acu faoi fhadhb na ndrugaí sa lá atá inniu ann. Ar éigean a smaoiníonn siad ar an maitheas a dhéanann drugaí in aon chor.

Cad a dhéanann tú nuair a bhíonn tinneas cinn nó scornach tinn ort? Osclaíonn tú paicéad paracéiteamóil nó aspairín nó piollaire éigin den sórt sin agus slogann tú siar é ag súil go nglanfaidh sé do phian. Biongó! Taobh istigh de leathuair an chloig bíonn feabhas ort (de ghnáth!). Dóibh siúd atá go dona tinn in ospidéal, is mór an faoiseamh dóibh tralaí an leighis a fheiceáil ag teacht chucu, lán le buidéil, boscaí, agus paicéid. Ar leibhéal eile fós, cá mbeimis gan an druga moirfín a chabhraíonn le pian na hailse a laghdú? Ná bíodh aon dabht ort, is mór an chabhair iad drugaí nuair a bhíonn gá leo. Conas mar sin go bhfuil an méid sin aighnis fúthu?

Is í an mhí-úsáid drugaí is cúis le mórchuid fadhbanna sa tsochaí inniu. Bhí an tAire Noel Ahern freagrach as drugaí ar feadh tréimhse agus dar leis gur deacair stop iomlán a chur le soláthar drugaí. Bíodh go ndéantar gabháil ar mhéid ollmhór drugaí, tá drugaí ar fáil go forleathan fós. Tá sé tugtha don troid in aghaidh drugaí in ainneoin na ndeacrachtaí.

Tá na gardaí ag déanamh a ndícheall chun an bua a fháil ar fhadhb na ndrugaí agus chuige sin bunaíodh Aonad Náisiúnta Drugaí an Gharda. Dar le bleachtaire ón Aonad sin, Tadhg Ó Murchú, bíonn éifeacht ag na gabhálacha ar lucht drugaí, cailleann siad airgead, gabhtar is cúisítear mangairí drugaí, cruthaítear deacrachtaí dóibh agus bristear suas a mbealaí díolacháin drugaí.

LÍON NA BEARNAÍ ón liosta

1. Tá idir ________________ agus ________________ ag baint le drugaí.
2. Caitear piollairí le ________________ nó ________________ a leigheas.
3. Caitear an druga ________________ chun pian na hailse a laghdú.
4. Cruthaíonn ________________ fadhbanna sa tsochaí.
5. Faraor, tá drugaí ar fáil go ________________ sa lá atá inniu ann.
6. Tá na gardaí ag ________________ chun an bua a fháil ar fhadhb na ndrugaí.

mí-úsáid drugaí	tinneas cinn	troid	maitheas
forleathan	scornach tinn	olc	moirfín

Cuir lipéid ar na baill choirp ón liosta

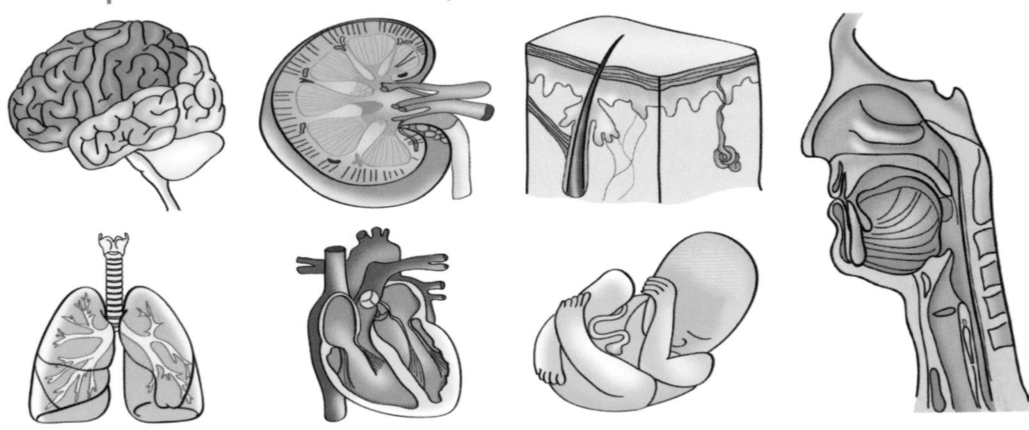

an inchinn | craiceann | na scamhóga | an croí
na duáin | scornach | an ghin

DEIS COMHRÁ

Cé na héifeachtaí a bhíonn ag drugaí ar dhaoine?

Go minic bíonn na saintréithe seo a leanas i bpáirt ag daoine atá ag caitheamh drugaí.

Codlaíonn siad níos mó ná mar is gnách.

Bíonn siad thuas seal thíos seal gan choinne.

Easpa cuimhne agus ní bhíonn siad in ann díriú isteach ar rudaí.

Easpa suime san obair, i gcairde, i gcaitheamh aimsire.

Fanann siad amuigh níos déanaí ná mar is gnách.

Tosaíonn siad ar rudaí a dhéanamh faoi rún.

Insíonn siad bréaga agus/nó goideann siad rudaí agus/nó airgead.

Bíonn boladh/marcanna neamhchoitianta ar an gcorp/ar a gcuid éadaí

SCÉAL ANDÚILIGH

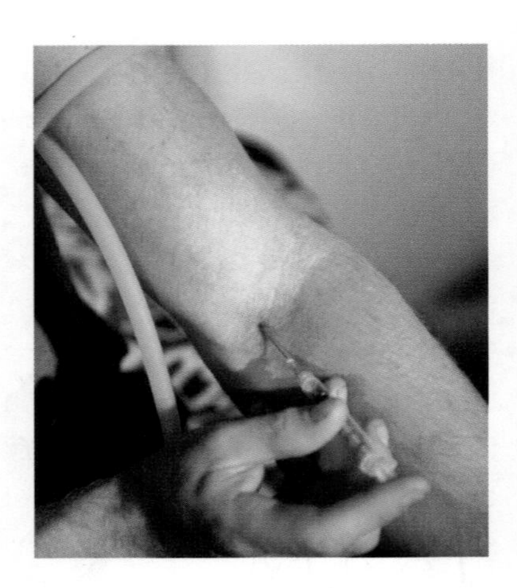

Faoin am go raibh fiche bliain slánaithe aige bhí hearóin á chaitheamh aige faoi dhó nó faoi thrí sa tseachtain. Bhí sé an-éasca eacstais a cheannach sna clubanna oíche agus cheannaíodh sé é go rialta. Ba chuma leis faoina theaghlach agus a chairde. Thug na drugaí gach rud dó a bhí uaidh – féinmhuinín agus ardú meanman. Bhain sé a lán taitnimh as féilte de bharr na ndrugaí.

Diaidh ar ndiaidh áfach ní raibh sé ag fáil an éifeacht chéanna ón méid céanna drugaí agus thosaigh sé ag caitheamh níos mó díobh. Maidin amháin dhúisigh sé in ospidéal an Mater i mBaile Átha Cliath tar éis ródháileog drugaí. Bhí sé ceangailte le meaisín tacaíochta beatha. Thit a mheáchan go cúig chloch agus thosaigh a mháthair ag smaoineamh ar a shochraid.

D'éirigh leis gan baint a bheith aige le drugaí ar feadh cúig mhí dhéag ina dhiaidh sin. Bhí ciall cheannaithe aige. Ach i gceann tamaill eile d'fhill sé ar dhrugaí trí instealladh. Agus é ag caint ón bpríosún dúirt sé go raibh trí iarracht ar dhíthocsainiú déanta aige. Caitheann sé formhór a chuid ama ina aonar anois mar tá a fhios aige go bhfuil baol ann má ofrálann duine eile sa phríosún hearóin dó, nach mbeidh sé in ann diúltú dó.

1. **Cuir na habairtí seo san ord ina raibh siad san alt thuas.**
   A. Tá sé i bpríosún anois, uaigneach agus eaglach.
   B. Mar sin, lean sé air ag caitheamh níos mó drugaí.
   C. Tugadh é chun ospidéil agus bhí sé i mbaol báis.
   D. Ag fiche bliain d'aois, thosaigh sé ag caitheamh drugaí.
   E. Ach chuaigh éifeacht na ndrugaí i léig.
   F. Thosaigh sé ag caitheamh drugaí arís agus cuireadh é i bpríosún ar deireadh.
   G. Chaith sé drugaí mar cheap sé gur thug siad féinmhuinín dó.
   H. D'fhoghlaim sé ceacht agus d'éirigh sé as drugaí ar feadh tamaill.

2. **Aimsigh focail a bhaineann le drugaí sa phíosa thuas.**

___

___

COMHOIBRIÚ

Gabhadh naonúr i sciuird a rinne póilíní i Londain sa samhradh. Cuireadh iompórtáil chócaoin agus soláthar eacstaise i leith na bhfear arb as Londain dóibh go léir. Ba é an Scuad Náisiúnta Coireanna faoi deara na sciuirde agus thángthas ar 55,000 táibléad eacstaise, 15 cileagram de phúdar amfataimín agus cúpla cileagram de phúdar eacstaise. Cuireadh an t-eolas faoi na drugaí seo ar aghaidh chuig na húdaráis agus thángthas ar 9.5 cileagram de chócaon in Eacuadór go gairid ina dhiaidh sin. Gabhadh beirt sa tír sin dá bharr. Thosaigh údaráis i Sasana agus sa Cholóim ag comhoibriú ar an gcás agus tar éis fiosrú a dhéanamh, fuarthas amach go raibh ciorcal drugaí ag cur drugaí ón gColóim go dtí an Eoraip trí Eacuadór agus Meicsiceo. Ba bhuille trom é i gcoinne thrádáil na ndrugaí sin, a dúirt oifigeach in Oifig an Aturnae Ghinearálta sa Cholóim.

Aimsigh focal nó frása sa phíosa thuas leis an mbrí chéanna atá thíos.

Bhí daoine gafa = ____________________

Gardaí i dtír eile = ____________________

Ag tabhairt isteach ó thír iasachta = ____________________

Gníomhartha a bhriseann an dlí = ____________________

Piollairí = ____________________

Daoine i gceannas = ____________________

Ceisteanna nó taighde = ____________________

Díolacháin = ____________________

Scuadcharr sáinnithe ag andúileach

Rinneadh scuadcharr a sháinniú i gcathair Chorcaí oíche Dhéardaoin. Déagóir 18 mbliana d'aois faoi deara an damáiste a rinneadh. Chuaigh na Gardaí sa tóir ar charr a goideadh ach níor stop an tiománaí go dtí gur timpeallaíodh é. Sa chúirt, ní raibh le rá ag an déagóir ach "Bhí mé as mo mheabhair. Bhí mé ar eacstais." Níor ligeadh amach ar bannaí é agus cuireadh é go Príosún Chorcaí.

1. Ar cheart fíneáil a ghearradh ar an déagóir seo? ______________________

____

2. Ar cheart cosc a chur air ceadúnas tiomána a fháil? ______________________

____

DEIS COMHRÁ

Bradmharcaíocht — Cad is brí leis?
Cé hiad a bhíonn ag bradmharcaíocht?
Cad iad na háiteanna ina mbíonn daoine ag bradmharcaíocht?
Cathain a tharlaíonn sé?
Cad is cúis leis?
Cén réiteach atá uirthi?
Cén dainséar a bhaineann léi?

SEIF

Dúshlán Duit

Ainmnigh scannán ina bhfuil SEIF mar théama. ______________________

Ainmnigh duine cáiliúil a fuair bás de SEIF. ______________________

Seasann SEIF do Shiondróm Easpa Imdhíonachta Faighte. Daoine atá buailte ag SEIF, tá víreas tar éis cur isteach ar chumas an choirp é féin a chosaint ar bhaictéir agus ar víris eile nach gcuirfeadh isteach ar an duine sláintiúil. Bíonn saintréithe áirithe i bpáirt ag daoine atá buailte ag SEIF agus is eol do dhochtúirí iad. Ina measc tá ionfhabhtú sna scamhóga, sa bholg agus sa chraiceann.

Is minic a bhíonn cuma shláintiúil ar dhaoine atá buailte ag SEIF. Go deimhin ní bhíonn a fhios ag roinnt go bhfuil an víreas acu féin ach bíonn sé á scaipeadh acu an t-am ar fad i ngan fhios dóibh. Conas a tharlódh sé sin, a deir tú?

Glactar go bhfuil ceithre shlí inar féidir an víreas SEIF a chur timpeall, agus is iad seo iad:
Teagmháil ghnéasach idir duine galrach agus duine eile.
Snáthaidí drugaí a roinnt le duine galrach.
Aistriú fola nó instealladh fola a fháil ó dhuine galrach.
Cuireann máthair ghalrach an víreas ar aghaidh chuig a páiste sa bhroinn.

Má cheapann duine go bhfuil baol ann go bhfuil víreas HIV aige/aici, is féidir tástáil a dhéanamh le fáil amach an bhfuil antasubstaintí HIV san fhuil. Bíonn na hantasubstaintí i láthair san fhuil mar iarracht ón gcorp é féin a chosaint ar ghalair agus ar víris. Mar sin, má tá na hantasubstaintí sin i láthair, is léir go bhfuil víreas SEIF agat.

Tá clinicí ar fud na tíre chun cabhrú le daoine atá buailte ag HIV nó SEIF. Cuireann siad comhairle agus tástálacha ar fáil chomh maith le cruinnithe tacaíochta.
Tá línte fóin faoi rún ónar féidir comhairle agus eolas breise a fháil.

Cé hiad na mangairí?

Go minic is é an t-imprisean a thugtar i scannáin agus in irisí ná go maireann mangairí drugaí go sócúlach ar an mbrabús ata déanta acu as drugaí a dhíol. Ach go minic is andúiligh a dhíolann na drugaí ar a son, agus ní bhíonn i ndán dá bhformhór siúd ach drochshláinte, agus bás anabaí sna cásanna is measa.

In Éirinn, bíonn scéalta drugaí sna nuachtáin gach aon lá – fíneálacha, gabhálacha, cásanna cúirte, téarmaí príosúnachta, dúnmharú agus tuilleadh nach é.

In Eanáir 2009, gearradh téarma príosúnachta ocht mbliana ar bhúistéir a d'iompórtáil luach €1.5 milliún de hearóin. Agus é ag filleadh ó Shasana ar bhád farantóireachta ó Holyhead, thug gardaí an búistéir faoi deara ag tógáil pacáistí amach a bhí i bhfolach taobh thiar de phainéal na ndoirse ina charr.

Thiomáin an fear leis go Baile Phámair, áit ar thug sé mála do bheirt fhear a bhí ag fanacht leis. Bhí na gardaí ag faire ar an mbaicle le tamall áfach agus tháinig siad anuas de ruathar ar an triúr agus gabhadh iad.

1. Cén t-imprisean de shaol na mangairí drugaí a fhaighimid go minic ó scannáin agus irisí?

____

2. Cad é an gnáthphictiúr de mhangairí drugaí a thugtar dúinn?

____

3. Cé na drochrudaí a bhaineann le drugaí, dar leis an scríbhneoir?

____

4. Luaigh trí phointe eolais faoi scéal an bhúistéara.

____

____

____

DRUGAÍ SA STAIR

Dúshlán Duit

Gheofar an tuairisc is sine dá bhfuil againn d'úsáid drugaí ar tháibléad cré ón tsibhialtacht Shuiméarach sa Mheán Oirthear. Rinneadh cur síos ar an táibléad sin, timpeall na bliana 2000 R Ch, ar thuairim is dhá leigheas déag a bhí coitianta san am. Tá scrolla Éigipteach ann ón mbliain 1550 R Ch a bhfuil 800 oideas air ina luaitear 700 druga difriúla.

1796 Rinne Edward Jenner an chéad vacsaíniú rathúil i gcoinne bolgaí.

1800 D'fhoghlaim eolaithe conas drugaí a scagadh go ceimiceach ó phlandaí.

1840 Tosaíodh ar ainéistéisigh a úsáid i rith obráidí.

Ag deireadh an 19ú haois, ní raibh aon dlíthe náisiúnta ag na Stáit Aontaithe chun caitheamh drugaí a rialú. Bhí daoine in ann codlaidín agus moirfín a cheannach gan aon oideas dochtúra.

1910 Thosaigh an t-eolaí Gearmánach Paul Ehrlich ag úsáid ceimiteiripe ar othair – modh is ea é a úsáideann ceimiceáin a ionsaíonn na baictéir is cúis le galar.

1920 Tháinig foireann taighde ar an hormón, inslin.

1928 Tháinig an t-eolaí Alexander Fleming ar an gcéad fhrithbheathach, Peinicillin.

1955 Tugadh isteach vacsaín i gcoinne Polaimiailítis i Meiriceá.

1. Cad air a bhfuil 800 oideas? ______________________________

2. Cé a rinne an chéad vacsaíniú? ______________________________

3. Cathain a tosaíodh ar ainéistéisigh a úsáid? ______________________

4. Conas a tharla go raibh daoine in ann codlaidín agus moirfín a cheannach?

____

5. Cárbh as do Paul Ehrlich? ______________________

6. Cén fáth a bhfuil cáil ar Alexander Fleming? ______________________

____

TIONSCADAL

Aimsigh ailt nuachtáin faoi dhrugaí.

Ó thús go deireadh – scéal druga nua

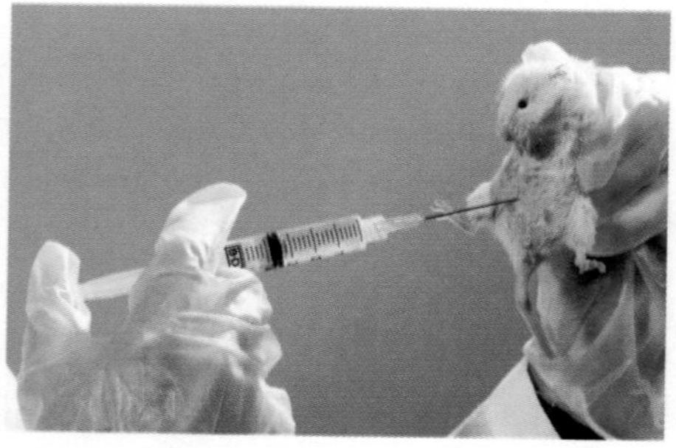

Déanann roinnt comhlachtaí drugaí a thástáil ar ainmhithe, féachaint an bhfuil siad sábháilte agus éifeachtach. Úsáidtear ainmhithe beaga cosúil le francaigh, lucha agus muca guine. Má éiríonn leis an druga sna tástálacha seo, tugtar é d'ainmhithe atá níos mó, ar nós madraí agus moncaithe. Sna Stáit Aontaithe, cuirtear torthaí na dtástálacha agus eolas eile faoin druga ar aghaidh go dtí an FDA (Food and Drug Administration) agus lorgaíonn an comhlacht cead tástálacha a dhéanamh ar dhaoine.

Déantar dhá shraith tástálacha cliniciúla leis an druga nua ar son sábháilteachta. Tugtar é do dhaoine sláintiúla atá sásta glacadh leis dá ndeoin féin agus tugtar é d'othair leis an aicíd a bhfuil an druga ceaptha le leigheas. Bíonn na céadta agus uaireanta na mílte duine i gceist sna tástálacha a leanann ar aghaidh ar feadh míonna nó blianta.

Is chun deimhin a dhéanamh de nach ndíolfar druga dainséarach leis an bpobal a dhéantar na tástálacha seo ach theip orthu i gcás truamhéalach amháin san Eoraip timpeall 1960. Thóg na mílte ban torrach an druga nua Tailídimíd chun breoiteacht a chosc le linn toirchis. Ba é an toradh gur rugadh páistí gan lámha, nó gan chosa nó faoi mhíchumas éigin eile.

Is í an chéad chéim eile ná anailís a dhéanamh ar na tástálacha agus comparáid a dhéanamh idir an druga nua agus na drugaí atá ar fáil cheana. Cuirtear iarratas chuig an FDA ag lorg ceada an druga a dhíol ansin. Caithfidh an comhlacht an druga a dhéanamh i bhfoirm atá éasca le húsáid, is é sin i bhfoirm táibléid, leachta nó capsúil. Ar deireadh, olltáirgtear an druga agus cuirtear chuig na poitigéirí é.

Gnáthleibhéal

FÍOR NÓ BRÉAGACH

Déanann comhlachtaí drugaí a thástáil ar ainmhithe.	
Úsáideann siad francaigh agus lucha.	
Úsáideann siad madraí agus moncaithe.	
Tá an FDA i Sasana.	
Caitheann daoine sláintiúla na drugaí.	
Caitheann daoine breoite na drugaí.	
Bhí fadhbanna móra leis an druga Tailídimíd.	
Is féidir drugaí a fháil i bhfoirm táibléid, leachta nó capsúil.	

Dúshlán Duit

1. Cén bhaint a bhíonn ag an FDA le drugaí nua? (Alt 1)

___

2. Cad iad an dá shraith tástála a luaitear in Alt 2?

___

___

3. Cén tábhacht atá leis na tástálacha? (Alt 3)

___

___

4. Luaigh dhá chéim eile sa phróiseas. (Alt 4)

___

___

Cad í do thuairim?

€440 milliún de chócaon aimsithe in Iarthar Chorcaí

20 kg hearóin i gcarr ar Bhóthar na hUaimhe

Lucht Oxegen gafa toisc seilbh dhrugaí

Cuardach ar ghadaithe drugaí Rohypnol agus Valium

€40,000 cócaon ina sheomra codlata ag fear 20 bliain d'aois

€900,000 roisín cannabais faighte sa Daingean

€18.2 milliún hearóin faighte sa chéad sé mhí de 2008

IS Í DO ROGHA Í

1. Bí eolach faoin dainséar a bhaineann le mí-úsáid drugaí. Is fútsa atá sé.
2. D'fhéadfadh do shaol brath ar an bhfreagra a thugann tú má chuirtear brú ort drugaí a chaitheamh. Abair "Ní hea" le drugaí.
3. Bí páirteach i gcaitheamh aimsire cosúil le spóirt nó ceol. Is féidir an-taitneamh a bhaint as an saol gan dul i muinín druga ar bith.
4. Labhair le do chairde nuair a bhíonn fadhb agat.

SCRÍOBH ALT

Cúrsaí drugaí sa lá atá inniu ann.

(Féach ar an bplean thíos)

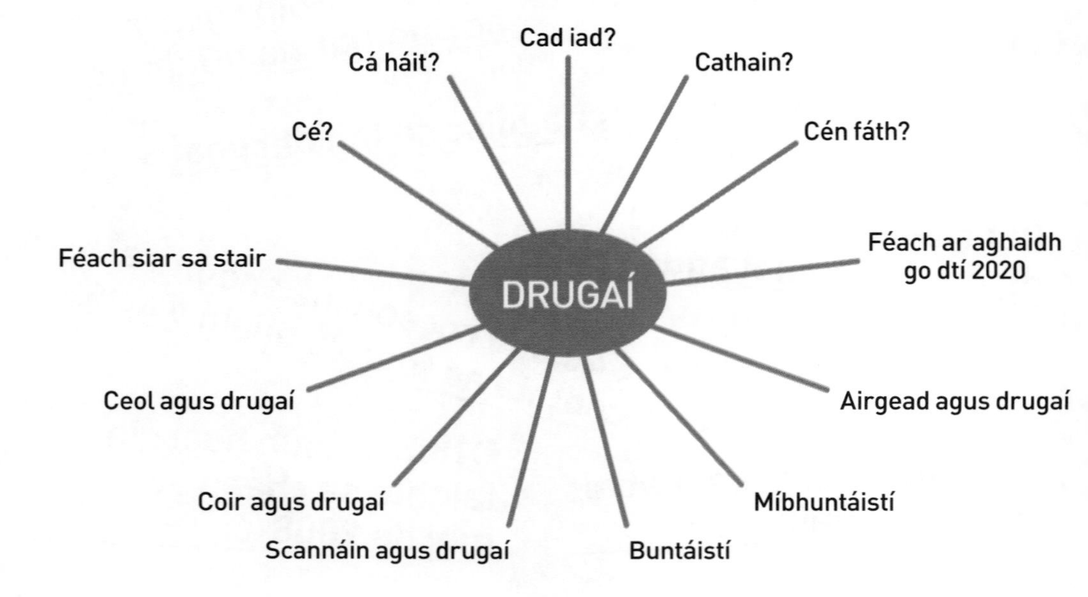

Léitheoireacht bhreise

"Samhradh Samhradh" le Séamas Ó Maitiú.

"Gafa" le Ré Ó Laighléis.

SUIRBHÉ FAOI ALCÓL

1. **An bhfuil aithne agat ar dhéagóirí (13–19) a ólann alcól?**

   Tá ☐ Níl ☐

2. **Cad iad na háiteanna is mó ina mbíonn daoine óga ag ól?**

   Tithe tábhairne ☐ Sa bhaile ☐ Páirceanna ☐ Eile (Mínigh) ☐

3. **An bhfuair tú riamh aon oideachas foirmiúil faoi alcól?**

   Fuair ☐ Ní bhfuair ☐

4. **An bpléitear ceist an alcóil i ranganna ar scoil?**

   Sa rang creidimh ☐ Sa rang OSPS ☐ Eile (mínigh) ☐ Ní phléitear ☐

   Níl a fhios agam ☐

5. **Ar phléigh tú ceist an alcóil riamh le duine fásta/tuismitheoir?**

   Phléigh ☐ Níor phléigh ☐

6. **Ar cuireadh brú ort riamh alcól a ól i gcoinne do thola?**

   Cuireadh ☐ Níor cuireadh ☐

7. **An ndéantar freastal ar dhaoine faoin aois dhleathach sna tithe tábhairne i do cheantar?**

   Déantar ☐ Ní dhéantar ☐ Níl a fhios agam ☐ Deirtear é ☐

8. **An dtéann fógraíocht faoi alcól i bhfeidhm ort?**

   Déanann (Ainmnigh fógra) ☐ Ní dhéanann ☐

9. **Tá sé mídhleathach do dhuine faoi 18 alcól a ól.**

   Fíor ☐ Bréagach ☐

10. **Tá aithne agam ar dhaoine ar chomhaois liomsa a ólann alcól i ngan fhios dá dtuismitheoirí.**

    Fíor ☐ Bréagach ☐

Abair dhá rud faoi gach pictiúr.

Is druga é alcól.

OBAIR BHEIRTE

CUIR NA CEISTEANNA SEO AR DO PHÁIRTÍ

NB Tabhair freagraí a bhaineann le hólachán

Cad a dhéanann *roinnt* déagóirí istoíche ag an deireadh seachtaine?

Conas a aimsíonn siad alcól?

Cé na háiteanna ina mbíonn siad ag ól?

Cén t-am den oíche a bhíonn i gceist?

Cé leis a ndéantar an t-ólachán?

Cad a óltar?

Cén fáth a mbailíonn déagóirí i ngrúpaí ag ól?

An mbíonn a fhios ag tuismitheoirí na ndéagóirí cad atá ar siúl?

An mbíonn drochéifeacht ag an mbabhta óil ar dhéagóirí?

SCRÍOBH ALT

Fadhb an óil i measc na n-óg.
(Úsáid na freagraí ar na ceisteanna thuas)

FADHB AN ÓIL

Cuid bhunúsach de shaol mhuintir na hÉireann is ea alcól. Bíonn alcól ar fáil ag baistí, bainiseacha, i gclubanna oíche, san ollscoil, nuair a thagann daoine le chéile ag an deireadh seachtaine agus mar sin de. Tá an aois ag a dtosaíonn daoine ag ól ag titim in aghaidh na bliana agus is minic a chloistear faoi dhaoine nach bhfuil ach ceithre bliana déag, nó níos lú fiú, agus atá ag ól.

Bíonn saintréithe i bpáirt acu siúd a bhfuil fadhb an óil acu. Cad iad, an dóigh leat?

1. ______________________________

2. ______________________________

3. ______________________________

4. ______________________________

De réir eolais ón Roinn Sláinte, seo a leanas cuid de na saintréithe sin:

Ólann daoine le fadhb dí níos tapúla ná daoine eile

Is fearr leo deochanna "dúbailte"

Ólann siad faoi cheilt

Iompaíonn siad ar an fhoréigean nuair a thagann fearg orthu

Is beag suim a chuireann siad in ócáidí sóisialta mura bhfuil deoch ann

Feictear athrú ar a gcuid iompair

Is minic a bhíonn fadhbanna airgid acu

Bíonn siad as láthair ón obair go minic.

Ní mar a chéile an éifeacht a bhíonn ag alcól ar aon bheirt; braithfidh sé ar mheáchan agus ar mhéid an duine, ar an luas ólacháin agus an méid a óltar, ar a gcorpacmhainne, agus ar cibé an bhfuil bia sa bholg nó nach bhfuil.

Tá druga láidir darb ainm Alcól Eitil i ndeochanna meisciúla agus is nimh é go bunúsach. Glactar leis gur féidir le halcól drochthionchar a bheith aige ar dhuine ar bith, fear nó bean. I gcás na mban, más ea, toisc go mbíonn an corp níos lú de ghnáth agus go mbíonn níos lú uisce sa chorp is féidir leis an alcól dul i bhfeidhm orthu níos tapúla ná i gcás na bhfear.

Ciallaíonn sé seo:

Go dtéann an méid céanna alcóil i bhfeidhm ar mhná níos tapúla ná ar fhir.

Go maireann éifeachtaí an alcóil níos faide i gcás na mban.

Gur mó an baol go ndéanfar damáiste don ae sna mná ná sna fir.

TIONSCADAL

Féach ar an suíomh idirlín www.drinkaware.ie
Scríobh síos cúig phointe eolais.

1. ______________________________

2. ______________________________

3. ______________________________

4. ______________________________

5. ______________________________

TIOMÁINT FAOI THIONCHAR ALCÓIL

Rinneadh taighde margaíochta i Mí na Nollag 2008 agus ba suimiúil na torthaí a fuarthas. Ghlac 900 duine páirt i suirbhé fóin agus dar le 68% díobh, bheadh na bóithre níos sábháilte ach na teorainneacha alcóil a bheith níos ísle.

Sa bhliain 2006 gabhadh 17,868 duine as a bheith ag tiomáint faoi thionchar alcóil. Caithfidh nach gcreideann tiománaithe áirithe go bhfuil sé dainséarach a bheith ag tiomáint faoi thionchar dí. Tá go leor daoine fós ag dul sa seans agus ag ceapadh nach bhfuil aon rud as an tslí á dhéanamh acu, a fhad is nach mbeireann na gardaí orthu. De réir an taighde, is daoine fásta agus ní déagóirí is mó a thiomáineann tar éis cúpla deoch a ól. Bíonn formhór na ndaoine óga sásta íoc as tacsaí nó duine amháin nach mbeidh ag ól a ainmniú mar thiománaí.

Aimsir na Nollag, mar is eol do chách, déanann na gardaí iarracht bhreise tiománaithe atá faoi thionchar dí a chur den bhóthar. Shílfeadh duine, b'fhéidir, go raibh sé cloiste minic go leor againn ar fad nár chóir bheith ag tiomáint tar éis bheith ag ól, ach in 2008, gabhadh 250 duine ar an meán gach seachtain i mí na Samhna toisc an teorainn dhleathach alcóil a bheith sáraithe acu. An é nach féidir le daoine dul amach agus taitneamh a bhaint as oíche gan alcól?

Dar leis an suirbhé, cheap daoine gurbh í an tiomáint faoi thionchar alcóil an bhagairt ba mhó ar na bóithre. Sa dara háit bhí luas agus sa tríú háit faillí i gcaitheamh crios sábhála.

LÍON NA BEARNAÍ

1. Rinneadh suirbhé ____________ i mí na Nollag 2008.

2. Tá tiománaithe fós ag tiomáint faoi ____________.

3. Is iad na daoine _________________ is mó atá sásta íoc as tacsaí.

4. Gabhadh _________________ gach seachtain i Mí na Samhna 2008.

5. Déanann na gardaí iarracht bhreise i _________________.

6. Is iad _________________, _________________ agus _________________ na fadhbanna is mó ar na bóithre.

Ba mhaith le do thuismitheoirí dul amach le haghaidh cúpla deoch anocht. Cé na trí rogha atá acu chun teacht abhaile go sábháilte?

____

____

____

TASC DUITSE

Cad é an sluán faoi thiomáint faoi thionchar alcóil?

Tarraing anseo é.

IS FIÚ GEARRADH SIAR

D'fhoilsigh an HPU (An tAonad um Chothú Sláinte) bróisiúr le déanaí darbh ainm "Less is More" mar chuid dá fheachtas chun daoine a chur ar an eolas faoi dhainséar an alcóil. Is é atá ann ná moltaí don duine aonair ar conas súil a choimeád ar an méid atá á ól acu agus conas athrú a dhéanamh más gá. Ciallaíonn an sluán atá in úsáid acu, "Less is more", dá laghad alcóil a óltar, is ea is mó airgead, fuinneamh agus smacht a bheidh ag duine ar a shaol.

Ar dtús, luaitear na fíricí faoi alcól agus na buntáistí a bhaineann leis an méid alcóil a óltar a laghdú. Ach an laghdú seo a dhéanamh chífear laghdú freisin ar argóintí, ar phóit rialta, ar thimpistí, agus ar ócáidí de ghnéas gan chosaint. San fhadtéarma, is lú an seans go mbeidh galar ae ar dhuine, nó go mbeidh siad buailte ag fadhbanna airgid, dífhostaíocht nó easpa dídine, nó go mbeidh deacrachtaí caidrimh acu le daoine eile.

Ina dhiaidh sin, moltar don duine féachaint ar an méid alcóil a ólann sé/sí féin gach seachtain. Dar leis an mbróisiúr, is fiú go mór dialann a choimeád chun fadhb a aithint, má tá fadhb ann. Scríobhfá mar shampla :

An t-am den lá/oíche a d'ól tú
An méid a d'ól tú
An áit inar ól tú
Droch-éifeachtaí de dheasca an bhabhta ólacháin.

D'fheicfeá patrún tar éis coicíse.

Is é an chéad chéim eile ná cinneadh a dhéanamh gearradh siar agus teorainn a leagadh síos duit féin. Go minic is gá cabhair agus tacaíocht ó dhochtúir nó ó chomhairleoir. Moltar freisin do theaghlach agus do chairde a chur ar an eolas chun gur féidir leo do chinneadh a mheabhrú duit go háirithe nuair a bhíonn tú ag ócáid shóisialta ag a bhfuil daoine ag ól. Moltar ansin dáta a roghnú ar a dtosóidh tú ag gearradh siar ar alcól agus moltar cloí leis an dáta. An t-am is fearr chuige sin ná am nuair nach bhfuil tú faoi bhrú ag rudaí eile i do shaol.

Tá moltaí praiticiúla freisin sa bhróisiúr. D'fhéadfadh an té atá ag iarraidh an méid a ólann sí nó sé a laghdú dul amach níos déanaí agus níos lú airgid a thabhairt leis nó léi. Ar ndóigh ní féidir airgead a fháil ar iasacht mar réiteach! D'fhéadfaí deochanna níos lú a ól, gloine in ionad pionta mar shampla, agus seandaí nó mianra a ól anois is arís.

Tá rogha mhaith na laethanta seo de bheoracha saor ó alcól, d'fhíonta agus de mhanglaim a chabhródh le duine atá dáiríre faoi ghearradh siar.

Mar dhuais tar éis na hiarrachta go léir, moltar go gceannófaí rud speisialta leis an airgead atá spáráilte. Duais fhadtréimhseach is ea an easpa póite agus tinnis an mhaidin dár gcionn.

Glactar leis nach mbeidh rath ar gach iarracht agus nach aon chúis náire í sin. Duine ar bith atá tar éis iarracht a dhéanamh éirí as na diabhail seacláidí chun roinnt meáchain a chailleadh, tuigfidh siad an scéal go rí-mhaith! Is í an chomhairle a thugtar ná dáta eile a shocrú agus triail eile a bhaint as.

1. **Líon na boscaí leis na freagraí.**

Ainm an bhróisiúir	Cad atá ann
Buntáiste amháin le gearradh siar	Am a mholtar le gearradh siar
Duine a chabhródh leat	Duais

2. **Seo iad na céimeanna a luaitear sa bhróisiúr. Cuir iad san ord ceart.**

A. Ceannaigh duais duit féin.

B. Déan cinneadh gearradh siar.

C. Coimeád dialann chun fadhbanna a aithint.

D. Roghnaigh dáta don chinneadh sin.

E. Léigh an bróisiúr.

An t-ord ceart =

Aon chomhairle agat maidir le halcól?

Don duine atá faoi chúram dochtúra ____________________

Don bhean atá ag iompar páiste ____________________

Don duine atá i gceannas ar innealra ____________________

Don imreoir roimh chluiche ____________________

Don chara is fearr atá agat ____________________

Duit féin ____________________

Is bréag é go gcabhraíonn cupán caife dhubh leat nó cithfholcadh fuar nó bricfeasta mór an mheisce a chur díot. Níl leigheas ar mheisce ach fanacht go dtagann do chorp chuige féin arís. Tógann sé méid áirithe ama ar an ae alcól a ghlanadh as do chorp.

Má tá tú torrach, deirtear gur fearr gan aon alcól a ól. Téann an t-alcól isteach i sruth fola an linbh sa bhroinn. Má tá ólachán rialta i gceist, d'fhéadfaí damáiste a dhéanamh don pháiste sa bhroinn. (Siondróm Alcóil an Fhéatais)

In Éirinn, bíonn alcól i gceist in 88% de choireanna oird phoiblí, 34% de chliseadh pósta agus 33% de thimpistí marfacha ar na bóithre.

SUIRBHÉ FAOI THOBAC

1. **An bhfuil aithne agat ar dhéagóirí (13–19) a chaitheann tobac?**

   Tá ☐ Níl ☐

2. **An bhfuil aithne agat ar pháistí (9–12) a chaitheann tobac?**

   Tá ☐ Níl ☐

3. **Conas a fhaigheann déagóirí agus páistí toitíní, i do thuairim?**

   Ceannaítear dóibh iad ☐ Ceannaíonn siad féin iad ☐ Eile ☐

4. **An bhfuair tú riamh aon oideachas foirmiúil faoi chaitheamh tobac agus an damáiste a dhéanann sé?**

   Fuair ☐ Ní bhfuair ☐

5. **An bpléitear ceist na dtoitíní i ranganna ar scoil?**

   Sa rang creidimh ☐ Sa rang SPHE ☐ Ní phléitear ☐ Eile ☐

6. **Ar phléigh tú ceist an tobac le duine fásta / tuismitheoir riamh?**

   Phléigh mé ☐ Níor phléigh ☐

7. **Ar cuireadh brú ort riamh toitíní a chaitheamh i gcoinne do thola?**

   Cuireadh ☐ Níor cuireadh ☐

8. **An ndíoltar toitíní le daoine faoin aois dhleathach?**

   Díoltar ☐ Ní dhíoltar ☐ Níl a fhios agam ☐

9. **An ndéantar go leor fógraíochta faoin damáiste a dhéanann tobac?**

   Déantar ☐ Ní dhéantar ☐

10. **Tá sé mídhleathach in Éirinn do dhuine faoi 16 tobac a chaitheamh.**

    Fíor ☐ Bréagach ☐

DEIS COMHRÁ

Cathain a thosaíonn daoine óga ag caitheamh tobac?

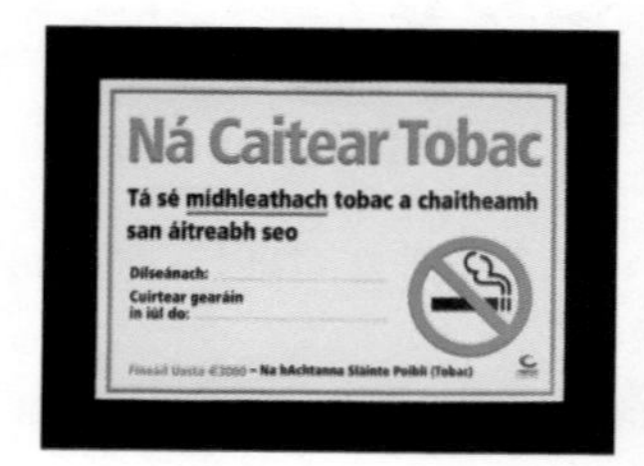

Cén fáth a dtosaíonn siad?

"Is maith an rud é go bhfuil cosc ar chaitheamh tobac in áiteanna poiblí." É sin a phlé.

Cén tAire Éireannach a bhí freagrach as an gcosc ar thobac a thabhairt isteach?

TIONSCADAL

Féach ar an suíomh Idirlín www.ash.ie
Cé na cúig aidhm atá ag "Ash"?

A) ____

____

B) ____

____

C) ____

____

D) ____

____

E) ____

____

TASC DUITSE

Ceap sluán faoi chaitheamh tobac. Tarraing anseo é.

DEIS COMHRÁ

Cad í an tslí is fearr le cur ina luí ar dhaoine óga gurb iad na daoine is faiseanta na daoine nach gcaitheann tobac?

Fíricí a thabhairt faoin damáiste a dhéanann tobac?

Sea ☐ Ní hea ☐

Béim a chur ar shaol sláintiúil?

Sea ☐ Ní hea ☐

Dea-shampla ó thuismitheoirí?

Sea ☐ Ní hea ☐

Dea-shampla ó chairde?

Sea ☐ Ní hea ☐

Fógraíocht?

Sea ☐ Ní hea ☐

Dar leis an Ollamh Des Carney, oinceolaí comhairleach in ospidéal an Mater, ba cheart breab a thabhairt do pháistí chun iad a choimeád amach ó chaitheamh toitíní!

Ní oibríonn pionós, a deir sé, ach dá dtabharfaí €1000 don duine ar shroicheadh 21 bliain dó agus di, d'oibreodh sé. Ghlac an tOllamh Luke Clancy, atá ina Uachtarán ar ASH, go raibh an moladh faoin mbreab "suimiúil" ach gurbh í duais na sláinte an duais ba mhó don duine a sheachain tobac.

Cad a cheapann tú faoin "mbreab" seo? ______________________________

____

TASC DUITSE

Faigh amach ainmneacha eagraíochtaí a chabhraíonn le daoine atá ag iarraidh éirí as caitheamh.

____

____

Cén DAMÁISTE a dhéanann tobac duit?

Féach ar an liosta de bhaill an choirp agus cuir tic le gach ceann a mbíonn éifeacht ag an tobac air.

Croí	☐	Scamhóga	☐
Inchinn	☐	Scornach	☐
Teanga	☐	Beola	☐
Béal	☐	Srón	☐
Duáin	☐	Ae	☐
Súile	☐	Cluasa	☐
Gin i mbroinn na máthar	☐	Cosa	☐

Scríobh síos an damáiste a dhéanann tobac.

NA FÍRICÍ!

Dúshlán Duit

Tá níos mó ná 4000 ceimiceán i dtoit thobac.

Nuair a ion-análaíonn tú toit thobac, téann substaintí dainséaracha isteach i do scamhóga agus leathann siad amach ar fud do choirp. Sroicheann siad d'inchinn, do chroí agus orgáin eile taobh istigh de 10 soicind.

Nicitín – Is druga agus tocsain é a chúngaíonn na féitheacha agus na hartairí. Ardaíonn sé do bhrú fola agus déantar damáiste don chroí toisc go mbíonn sé ag pumpáil níos tapúla ná mar is gnáth.

Aonocsaíd charbóin – Is gás é seo a ghoideann ocsaigin ó do chroí. Le himeacht ama, atann d'aerbhealaí agus téann níos lú aeir isteach i do scamhóga.

Tarra – Tachtann sé do scamhóga agus tá ceimiceáin dhainséaracha ann a d'fhéadfadh ailse a spreagadh, leo féin nó i dteannta le ceimiceáin eile.

Feanól – Ceimiceán dainséarach eile a chuireann pairilis ar chealla a scuabann glan líneáil na n-aerbhealaí.

Gráinníní – Cuireann siad isteach ar an scornach agus ar na scamhóga agus is iad is cúis le "casacht an chaiteora" chomh maith le roic san aghaidh.

NÍOS MÓ!

Ailse – Nuair a chaitheann tú tobac, is mó go mór an seans go bhfaighidh tú ailse sna beola nó sa tsrón, sa bhéal, sa lamhnán, sa bholg, sna duáin agus san ae.

Diaibéiteas – Ardaíonn tobac leibhéal an tsiúcra san fhuil, agus is féidir le diaibéiteas a bheith mar thoradh air sin.

Imshruthú fola – Nuair a chaitheann tú, iompraíonn an fhuil níos mó plaice agus níos lú ocsaigine. Tá baol ann go dtarlóidh ceann amháin nó níos mó de na rudaí seo a leanas duit: stróc, téachtán fola, pian droma, imshruthú fola lochtach sna lámha agus sna cosa.

Galrú – Déanann tobac damáiste do líneáil na scornaí agus na scamhóg agus lagaíonn sé an córas imdhíonach. Mar sin, tá sé níos éasca do bhaictéir agus víris seilbh a ghabháil ar an gcorp.

Fadhbanna anála – Buailtear mórchuid caiteoirí tobac le hasma.

Éisteacht – Gach seans go gcaillfidh tú d'éisteacht níos luaithe ná duine nach gcaitheann tobac mar laghdaítear an sruth fola go dtí an chluas inmheánach toisc plaic a bheith ar na fuileadáin.

Eile – Tiocfaidh roic timpeall do bhéil agus do shúile níos tapúla agus féachfaidh tú níos sine ná duine ar comhaois leat nach gcaitheann tobac.

1. **Meaitseáil A agus B**

A	B
Baictéir agus víris	Is iad is cúis le "casacht an chaiteora".
Nicitín	Cúngaíonn sé na féitheacha.
Aonocsaíd charbóin	Is éasca dóibh seilbh a ghlacadh ar an gcorp.
Tarra	Tachtann sé do scornach.
Gráinníní	Is gás é.

2. **Scríobh isteach éifeacht amháin a bhíonn ag tobac ar na rudaí seo a leanas:**

Croí ________________________________

Fuil ________________________________

Scamhóga ________________________________

Scornach ________________________________

FÍOR NÓ BRÉAGACH

Faightear boladh déistineach ó dhaoine a chaitheann tobac	
Cuireann tobac dath buí ar fhiacla	
Lagaíonn tobac do chumas boladh rudaí eile a fháil	
Is measa na roic ar aghaidh an chaiteora	
Lagaíonn tobac an córas imdhíonach	
Is faide an t-am a thógann sé créachtaí a leigheas	
Is mó an seans go mbeidh ailse bhoilg ar chaiteoir	
Is mó an seans go mbeidh taom croí ag caiteoir	
Cúis mhór le scornach tinn is ea tobac	

Faigheann 7,500 duine bás in Éirinn gach bliain ó thinnis bainteach le caitheamh tobac.

Tobac agus iompar clainne

Moltar go láidir do mháthair atá ag iompar GAN tobac a chaitheamh.
Cuireann tobac an ghin sa bhroinn i mbaol ar na bealaí seo a leanas:

Seans níos mó go mbeidh toircheas eachtópach ag an máthair.

Seans níos mó go bhfaighidh an páiste bás sa bhroinn.

Seans níos mó go mbéarfar an leanbh roimh naoi mí d'aois.

Seans níos mó go bhfaighidh an leanbh bás sa chliabhán.

Seans níos mó go mbeidh an páiste beag agus faoi mheáchan.

DEAR PÓSTAER

den ghin ag fulaingt de dheasca tobac.

Tobac agus páistí

Is mó an seans go mbuailfear páistí le niúmóine agus broincíteas má bhíonn daoine fásta timpeall orthu ag caitheamh tobac. Tá fianaise i dtuairisc ón WHO go bhfuil baint ag tobac le galair chluaise i bpáistí chomh maith le fadhbanna foghlamtha agus scileanna laga teanga. Is mó seans go mbeidh taomanna asma ag páistí nuair a bhíonn tobac san atmaisféar sa bhaile.

Idir 1965 agus 2003 san Astráil, chaith 1.9 milliún duine 9.7 billiún paicéad toitíní!

Faigheann duine amháin bás gach 30 soicind sa domhan le hailse de dheasca tobac.

Cad as a dtagann toitíní mídhleathacha?

Fuarthas luach milliún euro de thoitíní i gCalafort Bhaile Átha Cliath ag tús mhí Eanáir. Pacáladh trí mhilliún toitín i soitheach in Alicante na Spáinne, ina raibh earraí potaireachta agus ornáidí. Bhain siad amach an tír seo ar bord bád farantóireachta a sheol ó Bilbao. Níor gabhadh duine ar bith fós ach tá fiosrúcháin ar bun ag údaráis na hÉireann agus na Spáinne.

Ainmnigh ceithre áit a luaitear ______________________

____

Áit inar cuireadh na toitíní i bhfolach ______________________

____

Luach na dtoitíní ______________________

____

An bhfuil aon chomhairle agat maidir le tobac?

Do dhalta bunscoile atá ag caitheamh? ______________________

Do chara atá ag smaoineamh ar thosú? ______________________

Do bhean atá ag iompar? ______________________

Do dhéagóir a bhfuil asma air/uirthi? ______________________

Duit féin? ______________________

Cluastuiscint Aonad 7

Cloisfear gach píosa faoi dhó

7.1 Ceisteanna comónta — Rian 20

1. Cén tír inar tharla an eachtra seo? ______
2. Cad a tharla? ______
3. Ainmnigh dhá dhruga atá luaite sa phíosa.

   (a) ______

   (b) ______
4. Cé mhéad duine atá tar éis bás foréigneach a fháil ? ______

7.2 Gnáthleibhéal — Rian 21

1. Ainmnigh an duine atá i gceist. ______
2. Cén post atá aige? ______
3. Cén t-ainm a bhí ar an seimineár? ______
4. Cá raibh sé ar siúl? ______

7.2 Ardleibhéal

1. Breac síos dhá phointe eolais faoi Brendan.

   (a) ______

   (b) ______

2. Luaigh dhá phointe a rinne sé ag an seimineár.

(a) ______________________________

(b) ______________________________

3. Cén chomhairle a thug sé do dhaoine óga? ______________________________

____

7.3 Gnáthleibhéal

Rian 22

1. Cén seoladh Idirlín a thug Daid do Chlíona? ______________________________

2. Cé a thug isteach an cosc ar chaitheamh tobac? ______________________________

3. Cad a deir Daid faoi "an deatach lofa sin"? ______________________________

4. Cár bhuail Daid agus máthair Chlíona lena chéile? ______________________________

7.3 Ardleibhéal

1. Cén fáth ar thug Daid seoladh suímh Idirlín do Chlíona? ______________________________

____

2. Cé na baill choirp a luann Clíona? ______________________________

3. Cad a fheicfidh siad i gceann cúpla bliain? ______________________________

4. Cén feabhas atá i mbialanna anois, dar le Daid? ______________________________

____

5. Conas a d'éirigh athair Chlíona as toitíní? ______________________________

____

8 CÚRSAÍ TIOMÁNA

Déan staidéar ar na fógraí bóthair agus abair os ard cad í an chiall atá le gach ceann díobh.

Cuir na lipéid thíos san áit cheart ar an gcarr.

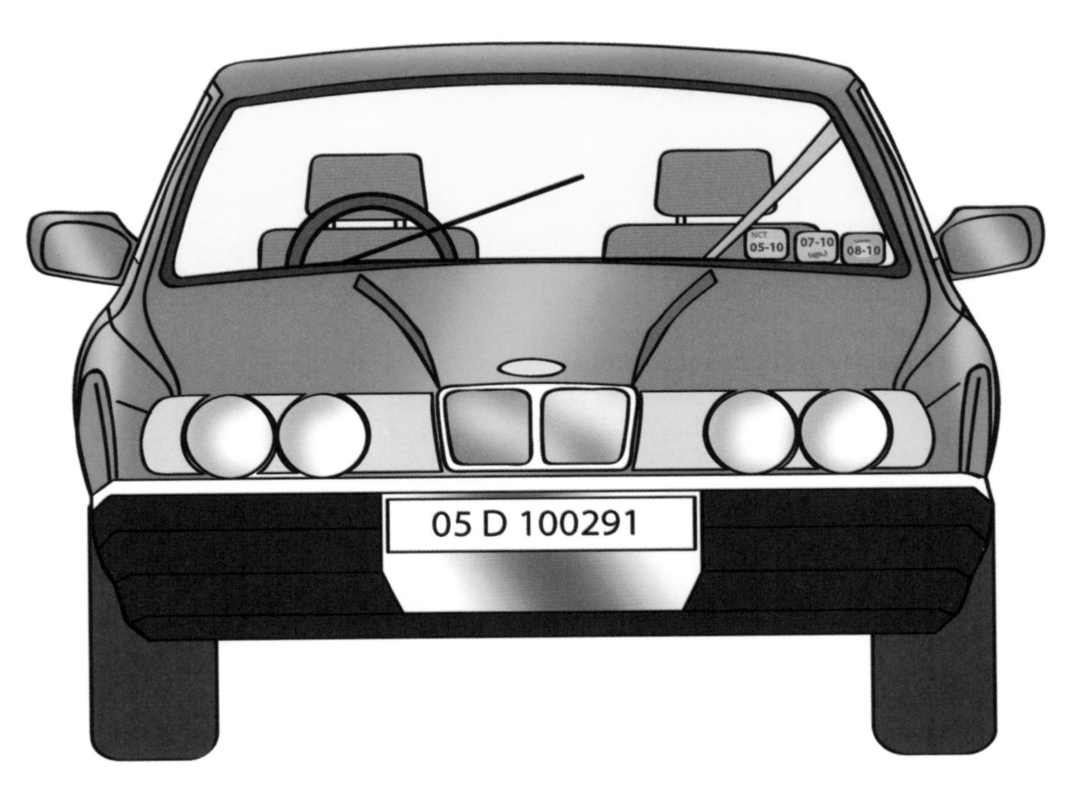

An boinéad
An gaothscáth
An bonn
An roth tosaigh
Solas tosaigh
An chláruimhir
Scáthán taoibh

Diosca Cánach
Diosca árachais
Teastas TNG (Tástáil Náisiúnta Gluaisteán)
An roth stiúrtha
Na suíocháin
An crios sábhála
An tuairteoir
An t-inneall
Na cuimleoirí gaothscátha

Cad ba cheart duit a dhéanamh sna cásanna seo thíos?

(Freagair le rogha ón liosta thíos. D'fhéadfadh níos mó ná freagra amháin a bheith ceart.)

1. **Nuair a shuíonn tú isteach sa charr.**

   ____

2. **Nuair a bhíonn tú ag dul timpeall cúinne.**

   ____

3. **Nuair a fheiceann tú solas glas romhat ag na soilse tráchta.**

   ____

4. **Agus tú ag dul suas cnoc géar.**

   ____

5. **Ag teacht isteach chuig timpeallán.**

   ____

6. **Ritheann páiste amach ar an mbóthar gan choinne.**

   ____

7. **Tá bacainn romhat agus ní féidir dul níos faide ar an mbóthar seo.**

   ____

8. **Tá sé ceomhar.**

   ____

Úsáid na coscáin
Athraigh giar
Téigh suas giar
Téigh síos giar
Moilligh
Seiceáil sa scáthán
Géaraigh ar an luas
Cuir ort an crios sábhála
Las na soilse
Séid an adharc
Cas an roth
Géill slí
Cúlaigh

Cad iad na rudaí dainséaracha a dhéanann tiománaithe?

Agus iad ag gluaiseacht ar aghaidh? ______________________

Agus iad ag casadh? ______________________

Agus iad ag páirceáil? ______________________

Agus iad ag soilse tráchta? ______________________

Agus iad ar thimpeallán? ______________________

Agus iad i gcarr stoptha? ______________________

I ndrochaimsir – ceo ______________________

– tuilte ______________________

– leac oighir ______________________

Rudaí amaideacha a dhéanann paisinéirí? ______________________

____

Ainmnigh eagraíochtaí a bhaineann le sábháilteacht ar na bóithre ______________________

____

Cad iad na cáipéisí atá ag teastáil chun carr a thiomáint? ______________________

____

Cad iad na costais a bhaineann le carr? ______________________

Bhuel, a leithéid!

Ní haon ionadh go mbíonn an méid sin timpistí ar bhóithre na hÉireann! B'fhéidir gurb é cuid den chúis leis seo na rudaí seafóideacha a fheicim ar siúl ag tiománaithe timpeall orm gach aon turas dá ndéanaim!
Inniu agus mé ag filleadh ó mo chuid oibre, turas cúig nóiméad déag, chonaic mé dhá eachtra a chuirfeadh scanradh ar aon tiománaí cúramach.

Ar an gcéad dul síos, bhí mé ag druidim le timpeallán cuíosach mór agus bhí mé ag faire ar na carranna ag teacht ón taobh deas, mar is cóir. Ní raibh aon fheithicil eile ag teacht agus mar sin ar aghaidh liom i mo lána. Buíochas le Dia gur choimeád mé súil ar an líne tráchta ar clé a bhí ag géilleadh domsa. An mar sin a tharla? Ní hea ná é! Phléasc carr breá mór dubh, cláraithe i mBaile Átha Cliath, amach óna lána isteach ar an timpeallán gan fiú sracfhéachaint a thabhairt i mo threo. Lean sé air romham síos an bóthar céanna ag sárú na luasteorann de chaoga ciliméadar san uair. Leoraí mór mall a bhí sa tslí air ansin ach in ionad fanacht taobh thiar de, tharraing an carr dubh amach gan choinne suas ar oileán tráchta. Ní raibh radharc ar bith ag an tiománaí sin ar aon fheithicil a bhí ag teacht ina choinne. Mhair na heachtraí seo níos lú ná fiche soicind ach d'fhéadfaidís saol triúr tiománaithe eile ar a laghad a chur i mbaol, mé féin san áireamh.

Tar éis dom an tiománaí seo a mhallachtach faoina easpa cúraim, thaistil mé ar bhóithrín casta tuaithe ar feadh dhá mhíle. Bhí go breá is ní raibh go holc, mar a deirtear. Tháinig mé go baile beag ina raibh crosaire séabra, áit a gcuireann coisí a bheatha i mbaol de ghnáth! Suas cnocán liom, trasna droichead cúng casta agus líne dhúbailte bhán le feiceáil go soiléir ar an mbóthar.

Fan! Thug mé faoi deara carr glas ag bogadh amach go tapa trasna na líne dúbailte, ar an gcúinne, chun dul thar shean-Fiesta mall a bhí chun tosaigh air! A leithéid de thiomáint, arsa mise i m'aigne féin. An é go bhfuil an tiománaí seo ag iarraidh é féin a mharú?

Ar deireadh shroich mé mo theach slán sábháilte ach corraithe go mór ag a raibh feicthe agam. Táim ag smaoineamh ó shin faoi chúrsaí tiomána in Éirinn agus táim ag teacht ar an tuairim go bhfuilimid go léir ag cur ár mbeatha i mbaol nuair a shuímid isteach i gcarr.

Críochnaigh na habairtí.

1. Tá an t-údar crosta sa chéad alt mar ______________________________

____

2. Is tiománaí cúramach é an t-údar mar ______________________________

____

3. Chuir an carr breá mór dubh déistin ar an údar mar ______________________________

____

4. Ar a shlí abhaile thiomáin an t-údar ar ______________________________

____

5. Chreid an t-údar go raibh tiománaí an chairr ghlais ______________________________

____

6. Mothaíonn an t-údar éadóchas ag deireadh an ailt mar ______________________________

____

DEIS COMHRÁ

An bhfuil aon scéalta faoi thiomáint bhaolach agat?
Inis don rang iad.

SUIRBHÉ RANGA – CEOL AGUS TIOMÁINT

1. **Cén sórt córais ceoil atá i do charr?**

   Raidió ☐ Seinnteoir téipe ☐

   Seinnteoir dlúthdhiosca ☐ Eile ☐

2. **Bíonn an córas ceoil sin ar siúl:**

   I gcónaí ☐ Uaireanta ☐

   Braitheann sé ar an tiománaí ☐

   Go hannamh ☐ Eile ☐

3. **Bíonn an fhuaim:**

   An-ard ☐ Ard ☐ Ag leibhéal réasúnta ☐ Íseal ☐ Eile ☐

4. **Cad leis is mó a éisteann tú?**

   Ceol ar an raidió ☐ Ceol ar dhlúthdhiosca ☐ Clár cainte ☐ Nuacht ☐

   Eile ☐

5. **Cé a bhíonn i gceannas ar an gceol sa charr?**

   An tiománaí ☐ Paisinéir chun tosaigh ☐ Duine ar chúl ☐ Eile ☐

6. **Cé a athraíonn an stáisiún raidió agus an carr ag gluaiseacht?**

   An tiománaí ☐ Paisinéir chun tosaigh ☐

7. **Cloisim ceol an-ard ó charranna eile:**

   Go minic ☐ Uaireanta ☐ Go hannamh ☐ Ní chloisim riamh ☐

8. **An dóigh leat go bhfuil éifeacht ag ceol damhsa ar do chroí agus do bhrú fola?**

   Is dóigh liom ☐ Ní dóigh liom ☐ B'fhéidir ☐ Níl a fhios agam ☐

9. **Bíonn a dhá oiread timpistí ag tiománaithe a éisteann le ceol tapa i gcomparáid le tiománaithe a éisteann le ceol mall.**

   Fíor ☐ Bréagach ☐

10. Ba cheart deireadh a chur le córais cheoil i gcarranna.

Aontaím ☐ Ní aontaím ☐

Staitisticí faoi thimpistí ar bhóithre na hÉireann ó www.garda.ie

	2004	2005	2006	2007	2008	2009
Maraíodh	374	397	365	339	279	239

Ceol agus tiomáint

An mbíonn ceol ar siúl sa charr agat agus tú ag tiomáint? Ar smaoinigh tú riamh go bhféadfadh an ceol sin do bheatha a chur i mbaol?

De réir taighde a deineadh in Iosrael le déanaí, bíonn éifeacht ag an gceol a sheinntear sa charr ar chaighdeán na tiomána. Ghlac 28 scoláire páirt sa taighde inar éist siad le cineálacha éagsúla ceoil. Fuarthas amach gur ardaigh ceol tapa ráta buailte an chroí agus an brú fola, go háirithe nuair a bhí níos mó ná 60 buille sa nóiméad ag an gceol. Cruthaíodh go raibh baol níos mó go rachadh tiománaithe a bhí ag éisteacht le ceol tapa trí sholas dearg agus go mbeadh a dhá oiread timpistí acu i gcomparáid le tiománaithe a d'éist le ceol mall.

Mar sin, tabhair aire agus tú ag roghnú ceoil sa charr ar do chéad turas eile!

Críochnaigh na habairtí.

1. D'fhéadfadh ceol sa charr do bheatha ____________________.

2. Deineadh taighde in ____________________ le déanaí.

3. Ardaíonn ceol tapa ____________________ agus ____________________.

4. Thaispeáin an taighde go raibh baol níos mó ann go rachadh tiománaithe a bhí ag éisteacht le ceol tapa trí ____________________.

Cúrsa báis nó beatha?

Chuir Coimisinéir na nGardaí Facthna Ó Murchú a dhíomá agus a imní in iúl arís inné maidir le básanna ar bhóithre na hÉireann. Deireadh seachtaine Lá 'le Pádraig a bhí ann agus in ionad ceiliúradh agus áthas, tháinig gortú agus bás chuig a lán daoine. Dúirt an Coimisinéir gur maraíodh ochtar ar na bóithre thar an deireadh seachtaine agus gur gortaíodh seachtar go dona. Anuas air sin bhí 346 duine bainteach le tiomáint faoi thionchar dí, figiúr atá i bhfad ró-ard dar leis do thréimhse trí lá.

Tuigeann Ó Murchú gur féidir timpistí, gortaithe agus bás ar na bóithre a sheachaint má bhíonn tiománaithe sásta dul níos moille agus níos mó aire a thabhairt. Níl ort ach sracfhéachaint a thabhairt ar an suíomh "www.garda.ie" chun staitisticí a fháil a chruthaíonn nach bhfuilimid lándáiríre fós faoi shábháilteacht bóthair. Feictear ar an suíomh gur cúisíodh 87,000 duine maidir le luas, 15,000 faoi úsáid fóin agus 9000 faoi thiomáint gan crios sábhala sa chéad sé mhí den bhliain 2009. Cúisíodh 8,600 as bheith ag tiomáint faoi thionchar alcóil sa tréimhse céanna. Dealraítear gur beag an meas atá ag daoine ar a mbeatha.

Glactar leis go hidirnáisiúnta go gcabhraíonn córas na bpointí pionóis le huimhir na mbásanna bóthair a laghdú ach in Éirinn is iad oideachas, comhairle agus patróil bóthair na bealaí is éifeachtaí chun feabhas a chur ar chúrsaí, dar le Ó Murchú.

Post ag Ó Murchú	
Pointe amháin faoin deireadh seachtaine	
Réiteach amháin	
Dhá fhadhb tiomána	(i)
	(ii)
Dhá réiteach	(i)
	(ii)

TASC DUITSE

Faigh amach cé mhéad a íocann daoine óga as árachas cairr.

Árachas cairr

Ainmnigh comhlachtaí árachais. ____________________

____

____

____

____

Conas atá costas árachais do charranna daoine óga?

Réasúnta ☐

Daor ☐

Iomarcach ☐

Eile ☐

Cén fáth a mbíonn sé mar sin?

Aois na ndaoine ☐

Tiomáineann siad go han-tapa ☐

Bíonn a lán timpiste acu ☐

Eile ☐

Ar lorg tú árachas cairr riamh?

Níl carr agam. ☐

Tá mé ró-óg. ☐

Níl suim agam ann. ☐

Eile ☐

Cén praghas a bheadh réasúnta d'árachas bliana do charr duine óig?

€400 - 700 ☐

€700 - 1000 ☐

Níos mó ná €1000 ☐

____

Líon na Bearnaí ón liosta.

ar feadh   sa   bóthair   ag   ar   go dtí   faoin   as

Chonaic mé timpiste ______________________ inné.

Níor stop an tiománaí ______________________ solas dearg.

Chuaigh na Gardaí ______________________ tóir ar an gcarr.

Bhuail an carr falla agus léim an tiománaí ______________________ an gcarr.

Rug na Gardaí ______________________ an tiománaí tar eis tamaill.

Thóg na Gardaí an tiomanaí ______________________ stáisiun na nGardaí.

Ceistíodh an tiománaí ______________________ fiche nóiméad.

Bhí alt sa nuachtán ______________________ timpiste.

Conas atá do shúile?

Nuair a smaoinímid ar chúrsaí tiomána is ar chineál éigin cairr, staid na mbóithre agus costais árachais is túisce a smaoinímid. Ach cad faoi shúile an tiománaí? De réir suirbhé a rinne Specsavers le déanaí, theipfeadh ar dhuine amháin as gach ceathrar i dtástáil súl.

Dúirt cathaoirleach an chomhlachta, Michelle Carew, go raibh ionadh uirthi a fháil amach nach raibh radharc maith na súl ag an méid sin daoine. Ag seó bóthair dá comhlacht i dTamhlacht thug Michelle Carew le fios go mbíonn ar thiománaithe tástáil súl a dhéanamh do cheadúnas sealadach ach nach mbíonn aon tástáil eile acu le haghaidh an láncheadúnais ná nuair a dhéantar athnuachan ar cheadúnas.

Téann radharc na súl in olcas le haois agus mar sin is ceart dul faoi thástáil rialta ar mhaithe le sábháilteacht ar bhóithre. Cosnaíonn tástáil súl 25 euro de ghnáth.

OBAIR BHEIRTE

CUIR NA CEISTEANNA SEO AR DO PHÁIRTÍ

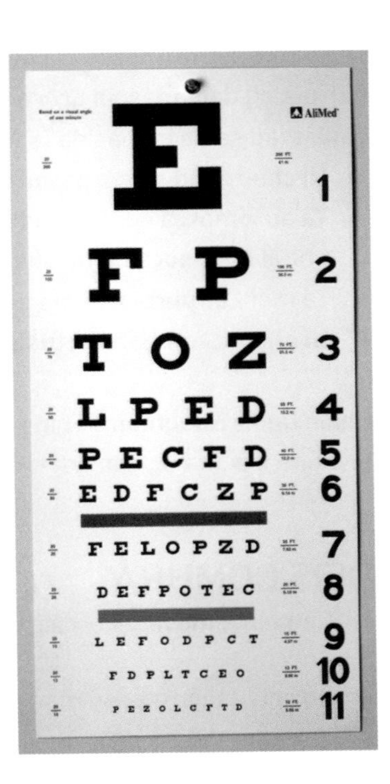

1. An ndeachaigh tú faoi thástáil súl riamh?
2. Cén rang ina raibh tú?
3. An raibh tú ar scoil nó in áit eile don tástáil?
4. Roimh ré, ar cheap tú go raibh radharc na súl go maith agat?
5. Cad a bhí ort a léamh?
6. Ar chríochnaigh tú é go léir?
7. Cé na torthaí a fuair tú?
8. An raibh tú sásta?

CÓRAS NA bPOINTÍ PIONÓIS

Mí na Samhna 2002 tugadh isteach córas na bpointí pionóis do thiománaithe in Éirinn. Dar leis an Aire Iompair Seamus Brennan tháinig laghdú de 20% ar bhásanna ar na bóithre idir sin agus Meán Fómhair 2003 dá bharr.

Gearradh pointí pionóis ar 597,192 tiománaí go dtí seo ó thosaigh an córas. Tá agus beidh argóintí difriúla ag daoine faoin gcóras. Oibríonn Conor Faughnan leis an AA agus ina thuairim siúd is iad seo a leanas na fadhbanna a bhaineann leis:

- Ní chuireann na gardaí an córas i bhfeidhm forleathan go leor.
- Tá an iomarca cur i bhfeidhm in áiteanna mí-oiriúnacha, mar shampla in áiteanna ina bhfuil luasteorainn de 50 ciliméadar san uair.
- Tá moill ar phróiseáil na bpointí.
- Ní bhíonn comharthaí luais sofheicthe i gcónaí.

Cháin Denis Naughten ó Fhine Gael an córas freisin ag rá nach bhfuil ach 125 garda bainteach le diúité tráchta ag aon am faoi leith ar fud na tíre ach go bhfuil 1.2 milliún tiománaí ann.

DEIS COMHRÁ

1. Cathain a thosaigh córas na bpointí pionóis in Éirinn?

2. An gcloistear mórán mar gheall ar an gcóras sna meáin chumarsáide?

3. An mbíonn aon phlé faoi thiomáint agaibh sa bhaile?

4. An bhfuil aon éifeacht ag córas na bpointí pionóis ort?

5. An dóigh leat go mbíonn go leor gardaí le feiceáil ar na bóithre?

6. An ndearna an córas aon difríocht do chúrsaí tiomána in Éirinn?

7. Cad iad na fadhbanna is mó a bhaineann le tiomáint i do cheantar?

8. An féidir leat aon sampla de na pointí a thabhairt?

DEIS COMHRÁ

Mínigh cén fáth a dtugtar pointí pionóis do na rudaí a leanas:

1. Ag dul thar an luasteorainn ______________________________

____

2. Tiomáint gan cheadúnas tiomána ______________________________

____

3. Tiomáint gan chrios sábhála a chaitheamh ______________________________

____

4. Cúl-phaisinéir gan chrios ______________________________

____

5. Boinn chaite ______________________________

____

6. Muna stopann tú nuair a iarrann garda ort ______________________________

____

7. Muna stopann tú ag comhartha "Stop" ______________________________

____

8. Ag déanamh neamhshuim de shoilse tráchta ______________________________

____

9. Ag úsáid fón póca agus tú ag tiomáint ______________________________

____

DEIS COMHRÁ

1 Cén fáth a bhfaightear pointí pionóis as luasteorainn a shárú?

2. An bhfuil sé réasúnta iarraidh ar thiománaithe an ceadúnas a bheith ina dteannta an t-am ar fad?
   An bhfuil aon eisceachtaí ann?

3. "Sábhálann an crios sábhála thú."
   An aontaíonn tú leis an ráiteas sin?

4. "Níl gá le criosanna sábhála i gcúl an chairr."
   Do thuairim uait faoi seo.

5. "Cloíonn tiománaithe na hÉireann le rialacha an bhóthair."
   Do thuairim faoi seo.

6. Dícháileofar tiománaithe ó thiomáint ar feadh sé mhí má fhaigheann siad 12 pointe – an bhfuil sé sin réasúnta?

7. Maireann na pointí ar feadh tréimhse trí bliana. Glantar iad ó chuntas an tiománaí ansin mura bhfuil an 12 pointe sroichte aige – ar cheart gur pointí buana a bheadh iontu?

TIONSCADAL

Faigh tuairiscí ó nuachtán ar thimpistí bóthair.

TASC DUIT

Déan staidéar ar an suíomh www.motarchain.ie

SAOL TRIÚIR CURTHA AMÚ GO hAMAIDEACH.

Maraíodh triúr buachaillí i mbaile beag Fontana, California i dtimpiste bóthair. Ceithre bliana déag d'aois a bhí ag tiománaí an Nissan Maxima le beirt phaisinéirí aige sa charr – buachaill aon bhliain déag d'aois agus cúlphaisinéir nach raibh ach sé bliana.

Thug Patról Bhóthair California an carr faoi deara nuair a bhris an tiománaí solas dearg roimh a naoi tráthnóna Dé Céadaoin. Nuair a shiúil an póilín trasna chun labhairt leis an tiománaí theith sé sa charr ar luas lasrach. Chuaigh na póilíní sa tóir ar an gcarr trí shoilse dearga ag luas 90 míle san uair ach níor stop sé gur chaill an tiománaí smacht ar an gcarr, bhuail sé falla agus chríochnaigh sé bun os cionn i ngairdín. Caitheadh beirt ón gcarr agus maraíodh iad láithreach. Toisc an crios sábhala a bheith ar an leaid óg sa chúl mhair sé níos faide ach fuair sé bás níos déanaí san ospidéal de dheasca a ghortuithe.

Leanann na póilíní ag fiosrú an scéil agus is cúis imní dóibh go bhfuil páistí chomh hóg sin ag cur beatha daoine i mbaol ar son siamsaíochta ar shráideanna an cheantair.

Aimsigh focal / frása leis an mbrí céanna;

1. duine ag tiomáint ______________________
2. Garda ______________________
3. d'fhág sé go tapa ______________________
4. chuaigh siad i ndiaidh ______________________
5. buairt ______________________
6. spraoi ______________________

DEAR PÓSTAER

ag cur sábháilteacht ar bhóithre chun cinn.

CÁSANNA DLÍ Á gCAITHEAMH AMACH!

Caitheadh amach cásanna dlí i gcoinne na gcéadta daoine le cúig bliana anuas. Cásanna maidir le tiomáint dhainséarach agus tiomáint faoi thionchar alcóil a bhí i gceist chomh maith le cásanna drugaí agus ionsaithe agus mionchoireanna tiomána.

Mar mhíniú air sin dúradh go raibh easpa finnéithe i mórán de na cásanna. Láimhseáltar 400,000 cás gach aon bhliain sa Chúirt Dúiche agus ní haon ionadh mar sin go gcaitear cásanna amach. Caitheadh amach 330 cás i mBaile Átha Cliath agus Luimneach a bhain le tiomáint faoi thionchar alcóil agus 150 eile a bhain le tiomáint dhainséarach.

1. Cén sórt cásanna a caitheadh amach? ______________________________

____

2. Mínigh an fáth ar caitheadh amach iad. ______________________________

____

3. An féidir leat aon réiteach a mholadh? ______________________________

____

RÓLGHLACADH

Lig ort go bhfaca tú timpiste bóthair. Glac ról an gharda agus ról an fhinné i gcomhrá faoi cad a tharla.

An t-am

Dath na bhfeithiclí

Cláruimhreacha

Aois na ndaoine

Cur síos ar éadaí

Cad a tharla

Cad a chuala tú

Cad a rinne tú

SCRÍOBH ALT

"Tá ceachtanna fós le foghlaim ag tiománaithe na tíre."

(Féach ar an bplean thíos)

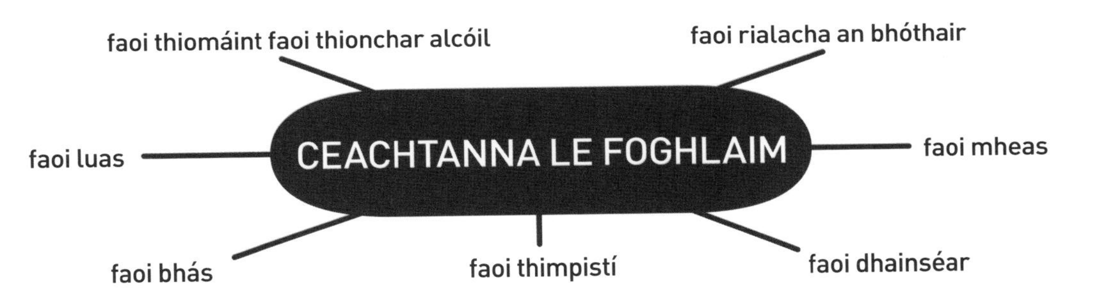

CROSFHOCAL

Trasna

1. Tús an chairr
4. Caith é
8. Ciorcal
10. Ciliméadar san uair
11. Tugann gardaí iad
13. Bóthar breá
16. Las é
17. Ná bris iad

Síos

2. Alcól
3. Duine taobh thiar den roth
5. Pionós
6. Cead tiomána
7. Téigh siar
9. Carr, leoraí, veain srl.
12. Duine ar cúl
14. Ar meisce
15. Ceithre cinn ar charr

LÚBRA

AIMSIGH NA FOCAIL THÍOS A BHAINEANN LE TIOMÁINT

scrúdú	fuinneog	trácht	carr	doras
peitreal	garáiste	tiománaí	meicneoir	ceadúnas
bonn	brú	bonnán	dearg	árachas
fearg	stop	mall		

O	P	L	N	Á	N	N	O	B	D
C	E	A	D	Ú	N	A	S	O	S
S	A	E	T	S	I	Á	R	A	G
Í	G	R	A	E	D	A	I	S	O
A	R	T	R	A	S	L	O	A	E
N	A	I	I	M	C	L	E	H	N
Á	E	E	N	D	R	A	N	C	N
M	F	P	N	G	Ú	M	C	A	I
O	S	T	O	P	D	T	I	R	U
I	L	O	B	R	Ú	B	E	Á	F
T	R	Á	C	H	T	D	M	E	H

Léitheoireacht bhreise

"Na Bradmharcaigh" as an gcnuasach "An Punk agus scéalta eile" le Ré Ó Laighléis.

Cluastuiscint Aonad 8

Cloisfear gach píosa faoi dhó

8.1 Gnáthleibhéal

Rian 23

1. Cé a d'eisigh an ráiteas? ______________________
2. Rud dainséarach amháin a dhéanann tiománaithe. ______________________
3. Cad a dhéanann "an t-uafás tiománaithe"? ______________________
4. Cé mhéad duine a maraíodh anuraidh? ______________________

8.1 Ardleibhéal

1. Cad é an príomhrud a dúradh i ráiteas na ngardaí? ______________________

   ____
2. Dhá phointe eolais faoi chúrsaí tiomána in Éirinn.

   (a) ______________________

   (b) ______________________
3. Cén fáth a bhfuil díomá ar na gardaí? ______________________

8.2 Gnáthleibhéal

Rian 24

1. Cad a fuair Ciara sa leabharlann? ______________________
2. Cén scrúdú a dhéanfaidh sí go luath? ______________________
3. Dhá rud a deir Eoin léi a dhéanamh.

   (a) ______________________

   (b) ______________________
4. Cathain is ceart do Chiara a bheith cúramach? ______________________

   ____

5. Cá bhfuil Ciara ag obair? ____________________

6. Rud amháin a thabharfaidh Eoin do Chiara. ____________________

8.2 Ardleibhéal

1. Cén gnó a bhí ag Ciara sa leabharlann? ____________________

2. Cathain a dhéanfaidh sí an scrúdú tiomána? ____________________

3. Breac síos dhá phointe eolais faoin gcomhairle a thugann Eoin do Ciara.

   (a) ____________________

   (b) ____________________

4. Cén bhaint atá ag an teidí leis an scéal? ____________________

5. Cén fáth a bhfuil Ciara i bponc? ____________________

6. Dhá phointe faoi conas a chabhróidh Eoin léi.

   (a) ____________________

   (b) ____________________

8.3 Ceisteanna Comónta — Rian 25

1. Cad a tharla do:

   Louis IV ____________________

   Handel ____________________

2. Cad a tharlaíonn gach lá ar fud an domhain? ____________________

3. Luaigh dhá chúis le timpistí bóthair.

   (a) ____________________

   (b) ____________________

9 AM LE MEILT?

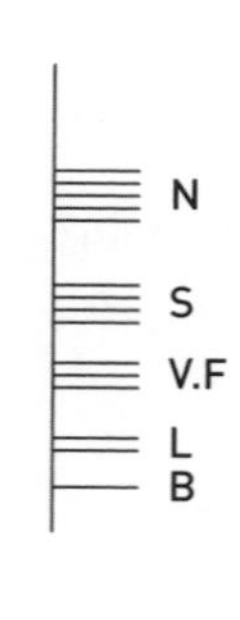

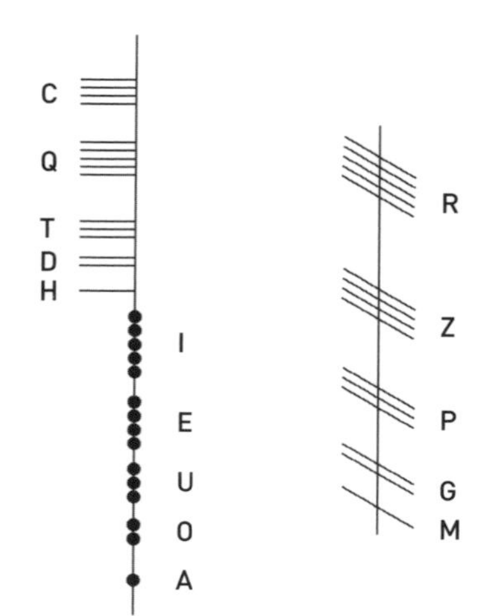

TAITHÍ OIBRE (1)

Ainm na háite ______________________

Seoladh ______________________

Ainm an bhainisteora ______________________

Dátaí ______________________

Modh taistil ______________________

Costas taistil ______________________

Dualgais (1) ______________________

(2) ______________________

(3) ______________________

Am sosa ______________ Am lóin ______________

Cairde a rinne tú ______________________

Rudaí a d'fhoghlaim tú ______________________

____

Rudaí a thaitin leat ______________________

Míbhuntáistí ______________________

Fadhbanna ______________________

Íocaíocht / Bronntanas ______________________

TAITHÍ OIBRE (2)

Ainm na háite ______________________________

Seoladh ______________________________

Ainm an bhainisteora ______________________________

Dátaí ______________________________

Modh taistil ______________________________

Costas taistil ______________________________

Dualgais (1) ______________________________

(2) ______________________________

(3) ______________________________

Am sosa ________________ Am lóin ________________

Cairde a rinne tú ______________________________

Rudaí a d'fhoghlaim tú ______________________________

____

Rudaí a thaitin leat ______________________________

Míbhuntáistí ______________________________

Fadhbanna ______________________________

Íocaíocht / Bronntanas ______________________________

Cainteoir a tháinig chun na scoile (1)

Dáta ____________________

Ainm an chainteora ____

Slí bheatha ____

Eagraíocht lena mbaineann sé/sí ____

Láthair na léachta ____

Am na léachta ____

Líon daltaí i láthair ____

Ábhar cainte ____

Cúis na cuairte ____

Rudaí a d'fhoghlaim mé (1) ____

(2) ____

(3) ____

Costas isteach ____

Aon eolas eile ____

____

____

Cainteoir a tháinig chun na scoile (2)

Dáta ____________________

Ainm an chainteora ____________________

Slí bheatha ____________________

Eagraíocht lena mbaineann sé/sí ____________________

Láthair na léachta ____________________

Am na léachta ____________________

Líon daltaí i láthair ____________________

Ábhar cainte ____________________

Cúis na cuairte ____________________

Rudaí a d'fhoghlaim mé (1) ____________________

(2) ____________________

(3) ____________________

Costas isteach ____________________

Aon eolas eile ____________________

____

____

Cuairt a thug mé taobh amuigh den scoil

Dáta ______________________

Ainm na háite ____

Seoladh na háite ____

Córas taistil ____

Costas ______________________

Líon daltaí ar an turas ____

Fad an turais ____

Tús an lae (1) ______________________ (2) ______________________

Lár an lae (1) ______________________ (2) ______________________

An deireadh (1) ______________________ (2) ______________________

Cúis na cuairte ____

Gnéithe a thaitin liom ____

____

Gearáin faoin turas ____

Moladh ____

TIONSCADAIL

1. Feachtas fógraíochta timpeall na scoile.
2. Clár raidió a chur ar téip.
3. Comórtas Cártaí Nollag/ Lá 'le Vailintín.

4. Lón as Gaeilge.
5. Club Gaeilge.
6. Nasc le scoil eile ar an Idirlíon.
7. Siopa as Gaeilge.
8. Cluichí as Gaeilge.
9. Maidin chaife as Gaeilge
10. Imeachtaí speisialta do Sheachtain na Gaeilge.

11. Céilí ranga/scoile.
12. Fístéip a chur le chéile.
13. Dráma ranga a scríobh.
14. Seó scoile.
15. Comórtas filíochta.
16. Seisiúin cheoil.
17. Ranganna seite.
18. Deireadh seachtaine Gaeilge/Lá Gaeilge.
19. Suíomh Idirlín scoile
20. Turas ar Ghaelscoil/go dtí an Ghaeltacht.

LÁ na dTORTHAÍ - COMHGHAIRDEAS!

Lá speisialta a bhí i gceist. Tugadh torthaí an Teastais Shóisearaigh duit. Gach seans go raibh ceiliúradh éigin agat ina dhiaidh sin!

Neirbhíseach
Buartha
Bhí sceitimíní orm
Bhí díomá orm
Ar crith le heagla
Bhí pian i mo bholg
Bhí áthas an domhain orm

D'éirigh liom i ________ ábhar. Fuair mé "A" sa Cheol.

Theip orm in ábhar amháin. Ní bhfuair mé ach "D" san Eolaíocht.

OBAIR BHEIRTE

CUIR NA CEISTEANNA SEO AR DO CHARA

Cén t-am a fuair tú do thorthaí?
Cá raibh tú nuair a fuair tú iad?
Conas a bhí an t-atmaisféar san áit sin?
Ar mhothaigh tú neirbhíseach?
Cén duine a thug an clúdach litreach / teastas duit?
Ar léigh tú na torthaí láithreach?
Tar éis duit do thorthaí a léamh, conas a mhothaigh tú?
Cad a rinne tú ansin? Ar ghlaoigh tú abhaile ar fhón póca?
An raibh tú sásta leis na torthaí?
Ar chuir aon toradh díomá ort?
Ar chuir aon toradh ionadh ort?
An raibh am saor agat ón scoil?
Cad a dúirt do theaghlach faoi do thorthaí?
An ndeachaigh tú amach an oíche sin? Cén áit? Cad a bhí ar siúl?

Pictiúir le haithint

Aimsigh na focail le cabhair ó na pictiúir.

Abair os ard iad le do chara.

Déan é i gcoinne an chloig!

Tarraing do chuid pictiúr féin agus ceistigh do chara.

Líon na Bearnaí

Léigh na píosaí seo agus scríobh isteach na focail chearta in áit na bpictiúr.

Lá breá ____________________ a bhí ann nuair a d'éirigh Deirbhile. D'fhéach sí ar an ____________________ a bhí in aice na ____________________. Bhí sí ag súil go mór leis an lá áirithe seo. Bhí coinne déanta aici leis an ____________________. D'fhág sí a ____________________ tar éis ____________________ a ól agus shroich sí an salon go gairid ina dhiaidh sin. Léigh sí cúpla ____________________ fad is a bhí an ____________________ ag ní agus ag ____________________ a cuid gruaige. D'fhill sí abhaile agus d'fhéach sí uair amháin eile ar a ____________________. Bhí sí cinnte go raibh sí i ____________________ le Donncha agus go mbeadh an-lá acu. Bheadh an ____________________ lán go doras lena gcairde agus a ngaolta. Tháinig an ____________________ agus shuigh sí isteach lena hathair.

Pháirceáil Daid an __________ sa charrchlós agus léim na __________ amach. Thóg siad __________ agus __________ as cúl an chairr agus d'imigh siad go léir síos na céimeanna go dtí an __________ . Thug Daid boladh ait faoi deara láithreach. Ansin dúirt Pól go raibh __________ marbh ar an ngaineamh in aice leo. Shiúil siad ar aghaidh píosa eile gur shroich siad na __________ Chuir siad an __________ síos agus chuir na páistí a gcuid __________ orthu. Rith Eoin i dtreo na __________ . Go tobann lig sé scread as agus thit sé. Bhí sé tar éis seasamh ar phíosa __________ agus bhí sé gearrtha. Fuair Mam an bosca garchabhrach ón gcarr ach ar deireadh chinn siad dul go dtí an t-__________.

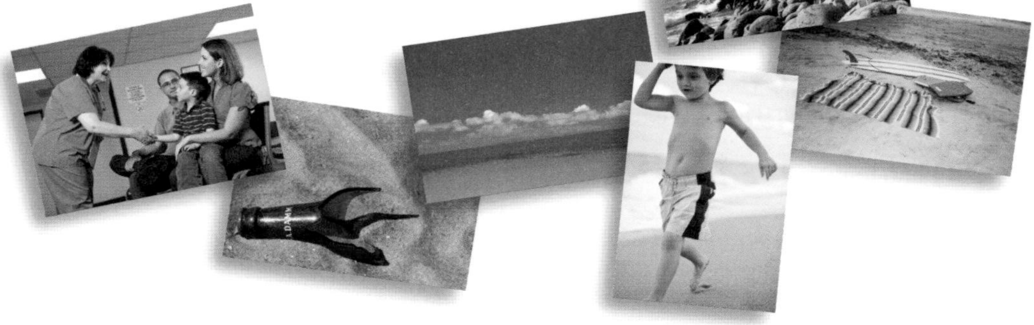

Déan amach do scéal féin anois.

FÓIN PHÓCA

Do dhaltaí le fón póca:

1. Cén sórt fóin atá agat?
2. Cén comhlacht fóin lena bhfuil tú?
3. Cathain a fuair tú an fón?
4. Ar cheannaigh tú an fón nó an bhfuair tú bronntanas de?
5. An úsáideann an fón creidmheasa nó an bhfuil bille ag dul leis?
6. Cá bhfaigheann tú an t-airgead chun creidmheasa a cheannach nó an bille a íoc?
7. Cé chomh minic is a sheolann tú teachtaireacht téacs?
8. An dóigh leat go bhféadfadh an fón aon dochar a dhéanamh do do shláinte?
9. Cé mhéad a chosnaíonn an fón ort gach seachtain?
10. An mbeifeá ábalta maireachtáil gan fón?

Do dhaltaí nach bhfuil fón póca acu:

1. An bhfuil aon chúis faoi leith nach bhfuil fón póca agat? (costas, cead)
2. An bhfuil fón póca ag do chairde go léir?
3. An bhfuil tú faoi bhrú fón a bheith agat?
4. Ar mhaith leat fón?
5. An bhfuil sé i gceist agat fón póca a fháil nó a cheannach?
6. An gceapann tú go bhfuil fón póca dainséarach don tsláinte?
7. An gcuireann fóin phóca isteach ort in aon slí?
8. An bhfuil ainmneacha comhlachtaí fón póca ar eolas agat?
9. Ar úsáid tú fón póca duine eile riamh?

LÚBRAÍ

Aimsigh ar a laghad 12 focal a bhaineann le fóin phóca.

C	C	Á	R	T	A	F	Ó	N
N	A	S	L	Á	N	É	L	O
A	I	F	S	F	É	I	S	T
I	L	R	O	P	B	R	C	V
P	L	E	T	Ó	N	Í	O	C
E	O	A	C	G	H	N	P	R
S	R	G	L	A	O	C	H	M
T	É	A	C	S	P	B	R	Ú
A	C	I	C	A	I	N	T	C
A	I	R	G	E	A	D	S	H

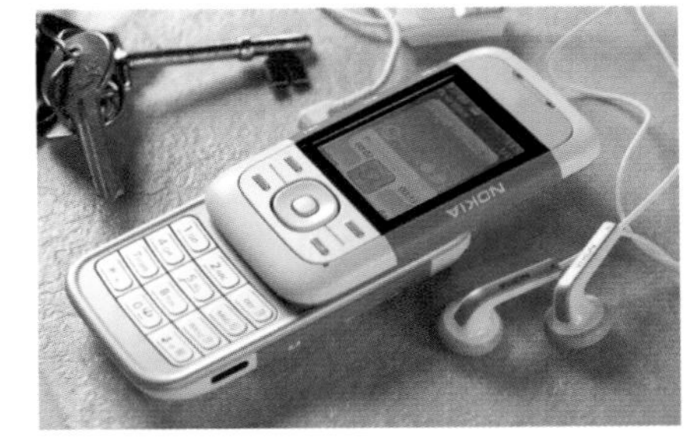

____

____

____

Déan do lúbraí féin.

Aimsigh focail (20) a bhaineann le saol an déagóra.

C	F	N	J	R	V	S	W	F	J	Z	R	D	E	D
L	A	C	I	I	D	I	R	L	Í	O	N	A	H	I
W	I	I	C	A	W	H	C	N	Í	T	Z	E	T	O
Z	B	O	R	Z	I	Ó	H	R	E	R	C	G	I	S
A	M	U	C	D	I	L	I	S	P	A	I	R	U	C
O	P	L	F	S	E	A	H	P	A	E	A	I	D	Ó
C	L	U	I	C	H	Í	T	B	S	N	R	A	Ú	A
M	U	R	U	M	S	L	J	Q	R	Á	C	T	R	Z
Í	R	I	O	E	H	T	I	M	S	I	U	T	C	C
Z	N	Í	O	T	A	L	A	Á	P	L	D	P	S	Z
P	R	E	R	I	O	A	S	I	F	O	J	I	J	N
Z	R	Ó	F	W	R	L	I	L	D	R	S	I	M	P
R	P	O	H	U	L	L	J	V	B	É	U	T	W	N
S	K	H	A	C	Ó	P	N	Ó	F	I	A	S	C	R
O	B	A	I	R	C	X	G	D	G	I	O	R	S	J

Aimsigh ar a laghad 20 briathar.

c	o	i	m	e	á	d	g	c	l	t	n
r	f	l	ú	s	o	e	n	b	i	r	f
i	i	u	i	m	m	a	r	c	á	i	l
t	c	h	n	v	g	r	p	t	b	a	i
h	g	i	l	é	i	m	r	a	o	i	t
c	f	o	g	h	l	a	i	m	r	l	i
ú	h	s	n	b	é	d	a	p	f	i	e
m	g	n	n	o	i	r	b	n	i	á	c
t	i	i	i	i	g	d	a	e	r	c	s
i	u	a	o	c	h	m	a	i	r	á	i
o	s	r	r	s	e	i	n	n	d	b	ú
l	i	a	t	s	a	e	r	f	s	t	i
l	i	e	c	o	s	p	á	r	á	i	l
b	o	g	o	i	d	r	r	o	i	g	s

Scríobh anseo iad.

Aimsigh ar a laghad 15 aidiacht.

á	i	s	i	ú	i	l	a	g	c	h	n
r	t	o	e	b	c	i	l	o	a	c	a
h	a	a	d	l	i	ú	g	a	m	a	e
g	b	h	n	e	g	i	h	a	p	t	s
l	m	r	d	a	o	l	n	t	n	l	d
a	o	r	a	o	í	i	n	n	á	l	r
n	r	i	a	m	b	á	i	ú	e	a	a
h	d	d	t	a	g	c	t	d	l	e	h
c	a	i	n	t	e	a	c	h	i	f	m
a	é	á	a	u	f	e	a	r	ú	i	l
s	l	l	é	ó	a	l	a	h	m	u	l
a	r	d	d	g	h	c	a	l	a	s	a
é	c	u	m	a	s	a	c	h	n	l	i
b	r	é	a	g	a	c	h	á	a	n	c

Scríobh anseo iad.

Aimsigh ar a laghad 20 post.

l	e	i	c	t	r	e	o	i	r	a	b	e	g
c	d	r	i	ó	h	t	r	a	g	a	e	f	r
g	c	e	a	n	t	á	l	a	í	h	i	í	u
l	m	a	r	t	l	a	m	n	a	r	s	a	a
é	r	o	i	í	a	h	t	o	r	u	a	n	g
i	i	i	ó	p	r	r	a	d	r	a	g	ú	a
r	ó	ú	t	á	r	i	c	i	r	a	a	r	i
i	d	d	n	r	i	o	o	s	i	e	r	a	r
t	o	a	ú	d	é	e	r	n	ó	r	t	i	e
h	í	r	c	o	n	t	i	a	t	ó	r	l	r
e	l	m	h	c	i	s	e	r	l	s	i	t	i
o	d	i	i	m	ú	i	l	o	o	t	ó	i	ó
i	o	e	g	l	h	a	í	d	m	a	d	r	t
r	m	n	a	f	c	p	f	d	o	c	á	e	l
f	f	e	i	r	m	e	o	i	r	h	b	d	o
r	e	a	t	h	a	í	a	l	a	g	ó	t	e
b	a	i	n	i	s	t	e	o	i	r	p	n	c

Scríobh anseo iad.

Aimsigh ar a laghad 20 foirgneamh.

a	e	f	h	c	a	e	h	t	b	u	l	c	o
m	o	n	a	r	c	h	a	o	n	p	r	s	i
l	b	d	l	i	o	c	s	c	n	a	b	í	f
e	a	n	á	t	s	o	é	e	a	t	l	n	i
a	h	m	r	i	é	g	i	t	i	o	p	í	g
b	m	n	h	g	g	o	p	c	e	s	h	l	a
h	á	á	t	a	f	h	é	l	c	p	d	i	n
a	n	t	g	r	r	p	a	b	a	i	a	c	p
r	s	s	o	á	d	c	l	e	a	d	g	s	h
l	n	ó	g	i	a	l	l	a	h	é	r	t	o
a	n	l	a	s	f	n	r	a	g	a	a	r	i
n	i	e	h	t	h	i	n	s	n	l	h	i	s
n	l	f	c	e	a	c	g	i	h	n	m	ú	t
n	b	i	a	l	a	n	n	o	m	h	l	c	l
i	a	a	e	e	l	i	e	p	b	u	l	c	i
p	i	c	t	i	ú	r	l	a	n	n	o	a	m

Scríobh anseo iad.

Aimsigh éin agus ainmhithe (25)

a	c	a	i	f	s	e	a	r	r	a	c	h
n	u	r	a	g	o	í	t	b	c	o	d	b
i	m	e	f	l	f	a	r	o	i	s	g	n
a	h	b	r	a	t	h	i	n	l	a	s	a
g	l	s	m	o	n	o	í	e	a	p	r	b
n	n	d	i	í	s	n	t	a	c	u	v	o
o	í	e	c	o	a	n	b	l	h	u	c	l
i	c	i	r	r	r	b	ó	a	a	d	h	e
p	s	l	ú	a	o	c	f	r	h	c	g	h
s	i	f	u	c	t	g	í	a	c	r	u	t
o	p	ú	c	a	o	r	a	m	u	h	p	é
n	t	p	o	u	n	c	u	l	l	r	h	g
c	n	l	i	í	r	g	r	t	l	c	s	a
a	i	a	l	a	a	ú	ó	l	a	a	a	b
n	f	l	e	a	l	c	a	c	t	r	d	h
g	i	c	a	o	p	m	n	n	a	a	n	a
a	l	i	c	d	a	a	s	o	m	é	a	r
r	i	s	h	c	r	b	c	e	m	b	p	a
ú	e	f	d	f	n	á	e	l	i	o	c	o
c	h	c	a	n	n	o	i	s	b	t	a	c

Scríobh anseo iad.

____

____

An Scríbhneoireacht Cheilteach

Bain úsáid as na litreacha anseo chun d'ainm a scríobh go healaíonta.

Ogham

Bain úsáid as na litreacha chun d'ainm a scríobh in Ogham. Tosaigh ag an mbun agus téigh suas!

Ansin, scríobh teachtaireacht rúnda chuig do chara in Ogham.

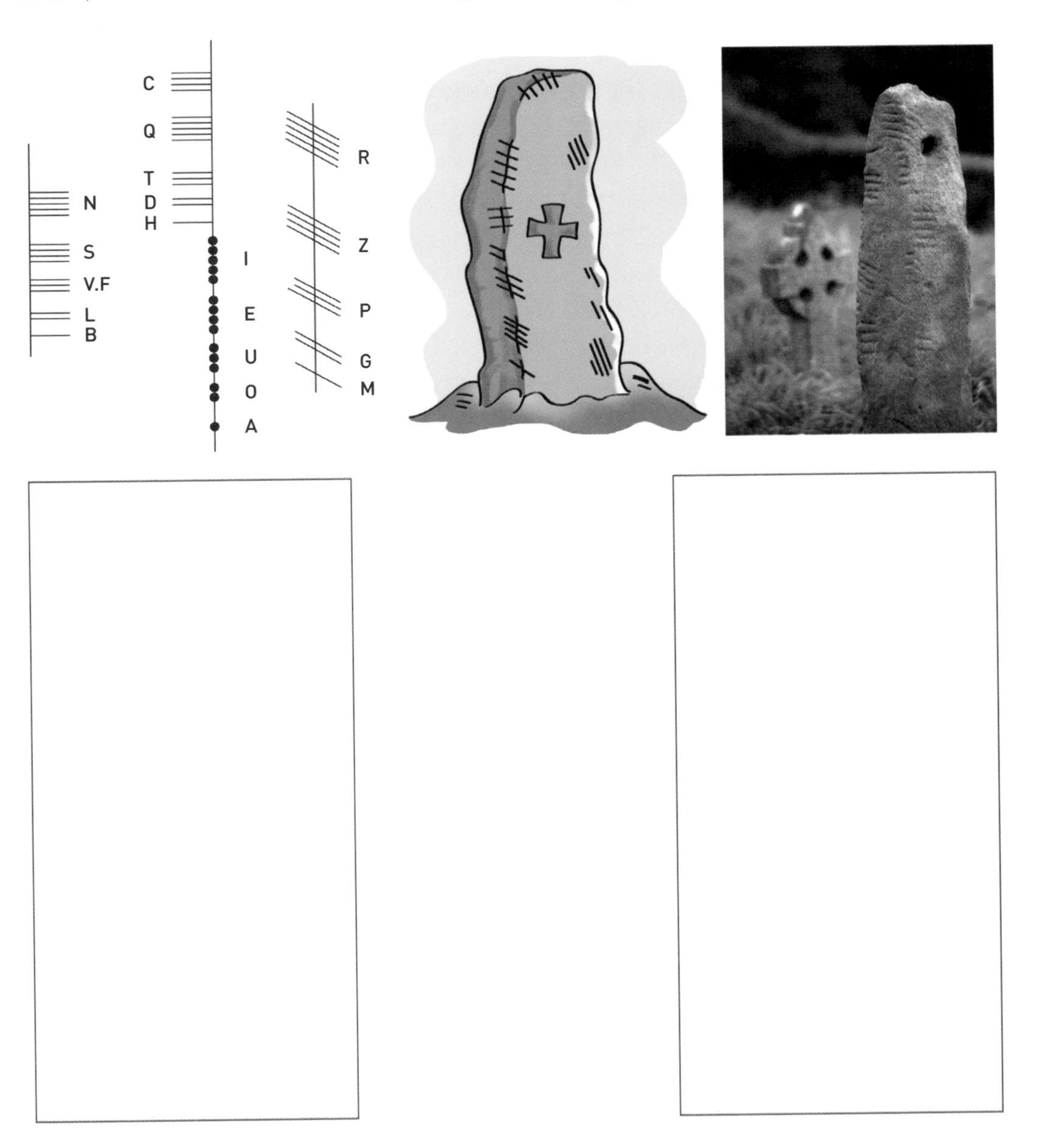

Admhálacha

Ba mhaith leis na foilsitheoirí a mbuíochas a ghabháil leis na heagraíochtaí agus leis na daoine seo a leanas as cead a thabhairt dóibh ábhar atá faoi chóipcheart a atáirgeadh:

Sliocht as caibidil XIV 'Cleamhnas is Pósadh' as An Old Woman's Reflections le Peig Sayers, arna aistriú ag Séamus Ennis. Le caoinchead Oxford University Press.

As cead grianghraif a atáirgeadh tá na foilsitheoirí buíoch de:

© Alamy: 14B, 72C, 72BC, 72T, 72BR, 89TL, 99L, 104, 107L, 107R, 107T, 109T, 109B, 118, 124BR, 131R, 137, 149R, 164BC, 164TCL, 164BR, 164BL, 168, 173, 191, 193, 199, 212BR, 212BC, 212BCL, 212BL, 217CL, 217BCL, 217TCR, 217T, 217BCL, 217TL, 218, 219, 220; © Collins Agency: 33, 200; © Corbis: 40, 72BL, 158, 164CCL, 172B; © Getty Images: 54, 73, 74CL, 78, 83, 85, 89BR, 89BL, 89TR, 90, 99R, 110, 115, 124BC, 124TC, 125, 131CR, 133, 136, 149L, 152, 157, 161, 164TL, 164TR, 164CCR, 166, 175, 188, 190, 195, 212BCR, 212B, 212C, 212BCR, 212T, 213, 216CL, 216TR, 216TL, 216TC, 216T, 217TR, 217BR, 217BL, 217CR, 217BCR, 217BRT; © Imagefile: 29, 74CR, 74R, 74L, 86, 88, 99C, 103, 106, 124TR, 124L, 131L, 131CL, 134, 138, 164CL, 164TCR, 194, 206, 216CR, 227; © INPHO: 32, 143; © Irish Times: 47; © Press Association: 57, 119, 167, 196; © Photolibrary: 71, 144; © Science Photo Library: 112, 172C, 176; © Sportsfile: 101T; © Topfoto: 117, 187; Le caoinchead Abair Leat: 12; Le caoinchead Bord Gáis: 1CBC; Le caoinchead Bóthar: 1CCR; Le caoinchead Bus Éireann: 1TR; Le caoinchead Conradh na Gaeilge: 1BCR; Le caoinchead Environment, Heritage and Local Government: 1CCL; Le caoinchead Fáilte Ireland: 1TBL; Le caoinchead Gaeilge.ie: 1CBL; Le caoinchead Gael Linn: 14T; Le caoinchead Gaelscoil Aonach Urmhumhan: 53C; Le caoinchead Gaelscoil Chnoc na Ré: 53B; Le caoinchead Gaelscoil Choráin: 53TR; Le caoinchead Gaelscoil de hÍde Roscomáin: 53TL; Le caoinchead Gaelscoil na Cille: 53CL; Le caoinchead Gaelscoil Osraí: 53CR; Le caoinchead Gaelscoileanna: 56; Le caoinchead Gorta: 1BCL; Le caoinchead Iarnród Éireann: 1CL; Le caoinchead Ógras: 19; Le caoinchead Oireachtas na Gaeilge: 1BR; Le caoinchead People Magazine: 212BCL; Le caoinchead Raidió na Gaeltachta: 34B; Le caoinchead Raidió na Gaeltachta: 34T; Le caoinchead Raidió na Life: 1TC; Le caoinchead Raidió Rí-Rá: 1BL, 13; Le caoinchead RTÉ: 1BC; Le caoinchead Seachtain na Gaeilge: 17; Le caoinchead Teagasc: 1TBR; Le caoinchead TG4: 1CR; Le caoinchead Trócaire: 1TL; Le caoinchead Údarás na Ghaeltachta: 35.

Beidh na foilsitheoirí sásta socruithe cuí a dhéanamh le haon sealbhóir cóipchirt nach raibh fáil air a dhéanann teagmháil leo tar éis fhoilsiú an leabhair.